잼잼

쉬운 여행 일본어

잼잼 쉬운 여행 일본어

저 자 서지위, 장현애
발행인 고본화
발 행 반석출판사
2024년 10월 5일 초판 3쇄 인쇄
2024년 10월 10일 초판 3쇄 발행
반석출판사 | www.bansok.co.kr
이메일 | bansok@bansok.co.kr
블로그 | blog.naver.com/bansokbooks

07547 서울시 강서구 양천로 583. B동 1007호
(서울시 강서구 염창동 240-21번지 우림블루나인 비즈니스센터 B동 1007호)
대표전화 02) 2093-3399 팩 스 02) 2093-3393
출 판 부 02) 2093-3395 영업부 02) 2093-3396
등록번호 제315-2008-000033호

ISBN 978-89-7172-973-1 (13730)

잼잼 쉬운 여행 일본어

반석출판사

여행에서 쓸 수 있는 기본 표현

여행을 할 때 그 나라 말을 조금이라도 익히고 가면 거기에서의 여행은 더욱 소중한 추억을 제공할 것입니다. 그 나라의 인사말 정도만 알아도 상대는 미소를 띠며 기꺼이 대화에 응해줄 것입니다. 우선 여행을 가기 전에 본서에 있는 짧고 간단한 표현은 반드시 암기해 두십시오. 그리고 외국에 가서 용기를 내어 외국인에게 직접 말을 걸어 보십시오. 분명히 여행은 한층 더 즐거워질 것입니다.

★ 안녕하세요. (아침)	おはよう。 오하요–
★ 안녕하세요. (낮)	こんにちは。 곤니찌와
★ 안녕하세요. (밤)	こんばんは。 곰방와
★ 안녕히 가(계)세요.	さようなら。 사요–나라
★ 안녕히 주무세요.	おやすみなさい。 오야스미나사이
★ 내일 봅시다.	また明日。 마따 아시따
★ 감사합니다.	ありがとう。 아리가또–
★ 예. / 아니오.	はい。/ いいえ。 하이 / 이–에

★ 미안합니다.	ごめんなさい。 고멘나사이
★ 천만에요.	どういたしまして。 도-이따시마시데
★ 실례합니다.	失礼します。 시쯔레-시마스
★ 괜찮습니까?	大丈夫ですか。 다이죠-부데스까
★ 괜찮습니다.	大丈夫です。 다이죠-부데스
★ 일본어는 모릅니다.	日本語はわかりません。 니홍고와 와까리마셍
★ ~은 어디입니까?	~はどこですか。 ~와 도꼬데스까
★ 이걸 주세요.	これをください。 고레오 구다사이
★ 얼마입니까?	いくらですか。 이꾸라데스까
★ ~가 있습니까?	~はありますか。 ~와 아리마스까
★ ~을 부탁합니다.	~をお願いします。 ~오 오네가이시마스
★ ~해도 됩니까?	~てもいいですか。 ~떼모 이-데스까

머리말

여행은 한 나라의 역사와 온전하게 마주하는 경험입니다. 여행을 통해 그 나라의 과거와 현재, 그리고 미래를 접하게 됩니다. 한 민족의 가치관과 문화를 접하면서 세상을 받아들이는 그릇도 커져갑니다. 이 소중한 경험에서 그 나라의 언어가 차지하는 비중은 얼마나 될까요? 사람마다 다르겠지만 결코 적지 않을 겁니다. 말이 통하지 않는 나라로 선뜻 여행을 떠나겠다고 생각하기가 쉽지 않으니까요.

이 책은 일본 비즈니스 출장이나 여행 시 일본어를 못하는 사람도 현지에서 간단한 소통이 가능하도록 제작되었습니다. 일상에서 많이 사용하는 표현으로 구성하여 일본어를 공부하고 계신 독자분들이 좀 더 재미있게 단어와 간단한 어휘의 패턴을 익히고, 아울러 여행 시 일본어를 못해도 먹고 싶은 것, 사고 싶은 것, 가고 싶은 곳을 말하고 해결할 수 있도록 제작되었습니다.

이 책은 문법이나 어휘를 공부하는 책이기보다는 실용서라 할 수 있습니다. 그래서 일상에서 많이 사용하는 쉬운 표현들을 사용하였습니다. 가능하면 일본인이 많이 사용하는 표현과, 일본에서 인기가 많은 요리 및 여행지 등 일본에 관련된 많은 콘텐츠를 실으려 노력하였습니다. 외국어는 말을 능숙하게 하는 것도

중요하지만 말에 그 나라의 문화가 실려 있으면 더욱 고급스럽다 여겨집니다.

지루한 반복 학습의 연속인 외국어 공부이지만 달리 생각해 보면 외국어만큼 재미있는 학습도 없습니다. 외국어 학습은 현지 여행을 통해서, 친구들과 교류 소통을 통해서도 학습할 수 있습니다. 자신만의 학습 방법을 찾아 재미있게 공부해나가길 바라봅니다.

서지위, 장현애

저자_서지위

- 건국대학교 신기술융합과 대학원 졸업
- LIG ADP 근무
- 현재 미지인터네셔널 고문

저자_장현애

- 일본학과 졸업
- シンデン・ハイテックス근무
- 현재 미지인터네셔널 대표

감수_와타리 카오리(渡 香織)

- 일본 돗토리현 요나고시 출신
- 고려대학교 국어국문학과 졸업

목차

PART 1 그림으로 익히는 핵심 일본어 단어 ············ 014

Chapter 01 출발, 도착 ············ 016
Chapter 02 교통 ············ 021
Chapter 03 관광 ············ 029
Chapter 04 쇼핑 ············ 043
Chapter 05 식사 ············ 058
Chapter 06 숙소 ············ 067
Chapter 07 통신, 은행 ············ 073
Chapter 08 질병, 사고 ············ 074
Chapter 09 일상회화 ············ 079

PART 2 잼잼 쉬운 여행 일본어 ············ 110

Chapter 01 출발, 도착 ············ 112

Unit 01. 기내에서 ············ 112
❶ 자리 찾기 ············ 112
❷ 기내 서비스 ············ 115

Unit 02. 입국 심사 ············ 124
❶ 입국 심사관과의 대화 1 ············ 124
❷ 입국 심사관과의 대화 2 ············ 125
❸ 입국 심사관과의 대화 3 ············ 126

Unit 03. 수화물 찾기 ············ 128
❶ 수화물을 찾을 때 ············ 128
❷ 세관원과의 대화 ············ 130

Unit 04. 공항에서 ············ 132

Chapter 02 교통 ········· 137

Unit 01. 장소나 길 묻기 ········· 137

❶ 장소를 찾을 때 ········· 137

❷ 길을 찾을 때 ········· 140

Unit 02. 택시 ········· 144

Unit 03. 버스 ········· 147

❶ 시내버스/시외버스 ········· 147

❷ 관광버스 투어 ········· 150

Unit 04. 지하철 ········· 155

Unit 05. 열차 ········· 158

❶ 열차 시간표 ········· 158

❷ 열차표 예약, 구입 ········· 159

❸ 열차 안에서 ········· 163

Unit 06. 비행기 ········· 167

❶ 비행기표 예약, 확인, 변경, 취소 ········· 167

❷ 비행기 체크인과 탑승 ········· 171

Unit 07. 여객선 ········· 174

Unit 08. 렌터카 ········· 176

Chapter 03 관광 ········· 182

Unit 01. 장소 묻기 ········· 182

Unit 02. 관광지에서 ········· 184

❶ 일본의 대표 관광지 ········· 184

❷ 매표소에서 ········· 188

❸ 관광지에서 ········· 191

❹ 사진 촬영 ········· 196

❺ 박물관에서 ········· 199

❻ 일본 볼거리(예술, 공연) ········· 200

❼ 스포츠 ········· 202

목차

Chapter 04 쇼핑 ········ 208

Unit 01. 상점 찾기 ········ 208

Unit 02. 물건 구입 ········ 210

Unit 03. 물건 고르기 ········ 218

❶ 물건 찾기 ········ 218

❷ 색상 ········ 219

❸ 재질 ········ 220

❹ 착용 ········ 221

Unit 04. 물건 사기 ········ 225

❶ 과일 사기 ········ 232

❷ 채소 사기 ········ 235

Chapter 05 식사 ········ 238

Unit 01. 음식점 찾기, 예약 ········ 238

❶ 음식점 찾기 ········ 238

❷ 음식점 예약 ········ 239

Unit 02. 음식점에서 ········ 242

❶ 음식 주문하기 – 대표 요리 ········ 242

❷ 종업원에게 뭔가를 요구할 때 ········ 247

Unit 03. 술집에서 ········ 255

Chapter 06 숙소 ········ 258

Unit 01. 호텔 내 관광 안내소, 프런트에서 ········ 258

Unit 02. 숙소 찾기, 체크인 ········ 260

Unit 03. 룸서비스 ········ 270

Unit 04. 객실 트러블 ········ 273

Unit 05. 부대시설 ···· 278

Unit 06. 체크아웃 ···· 280

Chapter 07 통신, 은행 ···· 283

Unit 01. 우체국에서 ···· 283

Unit 02. 은행에서 ···· 287

Unit 03. PC방에서 ···· 288

Chapter 08 질병, 사고 ···· 289

Unit 01. 질병 ···· 289

Unit 02. 사고(분실, 도난, 교통사고) ···· 298

이 책의 특징

단체로 여행을 가면 현지 사정에 밝은 가이드가 안내와 통역을 해주기 때문에 말이 통하지 않아 생기는 불편함은 그다지 크지 않을 것입니다. 하지만 일본인과 대면하거나 쇼핑을 하거나 위급한 상황에 처했을 때는 회화가 절대적으로 필요합니다. 또한 여행지에서 현지인과의 의사소통은 여행을 한층 즐겁고 보람되게 해줄 것입니다.

이 책은 여행자의 필수 휴대품이 될 수 있도록 하기 위해 현지에서 꼭 필요한 어휘와 필수 구문, 대화 등을 실었습니다. 일본어 초보자들을 위해 원어민의 발음에 가깝게 한글 발음을 병기하였고, 상황별로 필요한 일본어 표현과 어휘를 실었습니다. 또한 원어민의 정확한 발음이 실린 mp3가 반석출판사 홈페이지(www.bansok.co.kr)에서 제공됩니다.

PART 1 그림으로 익히는 핵심 일본어 단어

여행지에서 자주 사용하는 알짜 어휘들을 상황별로 정리했습니다. 어휘들을 삽화와 함께 접하면 쉽게 익힐 수 있고 머릿속에 오래 남습니다.

PART 2 잼잼 쉬운 여행 일본어

출발에서부터 교통, 관광, 숙박, 쇼핑, 식사, 통신, 질병, 기본적인 일상회화 등 여행을 할 때 부딪칠 수 있는 상황을 여행순서에 맞게 설정했습니다.

이 책의 활용 방법

1 일본으로 여행, 출장, 방문을 할 때 현지에서 유용하게 사용할 수 있도록 하기 위해 필수회화(구문)를 엄선하여 사전식으로 꾸몄습니다.

2 일본어를 잘 모르더라도 즉석에서 활용할 수 있도록 하기 위해 발음은 가능한 한 원음에 가깝게 한글로 표기했습니다.

3 장면별로 현지에서 필요한 여행정보를 두어 여행가이드로서 역할을 충분히 할 수 있도록 하였습니다.

QR코드

QR코드를 통해 편리하게 학습할 수 있습니다.

바꿔말하기

각 장면에서 기본적으로 쓰이는 일본어 문형입니다. 이 기본문형을 바탕으로 필요한 어휘를 바꿔서 말할 수 있습니다.

발음표기

정확한 일본어 발음을 한글로 표기하여 누구나 즉석에서 쉽게 말할 수 있습니다.

바꿔말하기용 어휘

기본문형에 어휘를 대입하여 즉석에서 활용할 수 있습니다.

핵심문장 익히기

기본문형 외에 상황별로 반드시 알아야 할 표현들을 실었습니다.

회화표현

상황별로 실전 활용도가 높은 회화들을 선별했습니다.

우리말 표현

필요한 말을 쉽게 찾아볼 수 있도록 한글을 먼저 실었습니다.

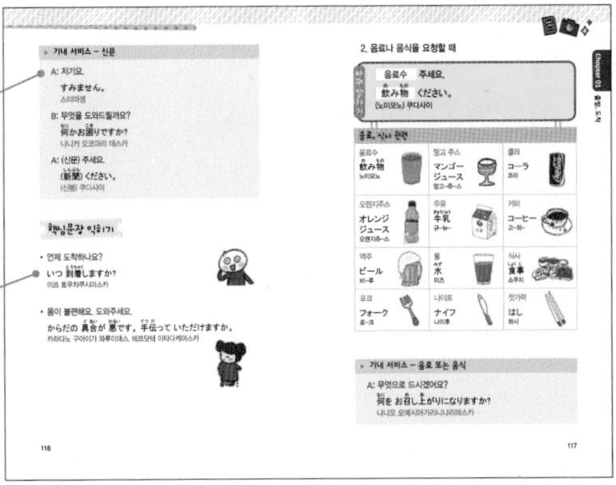

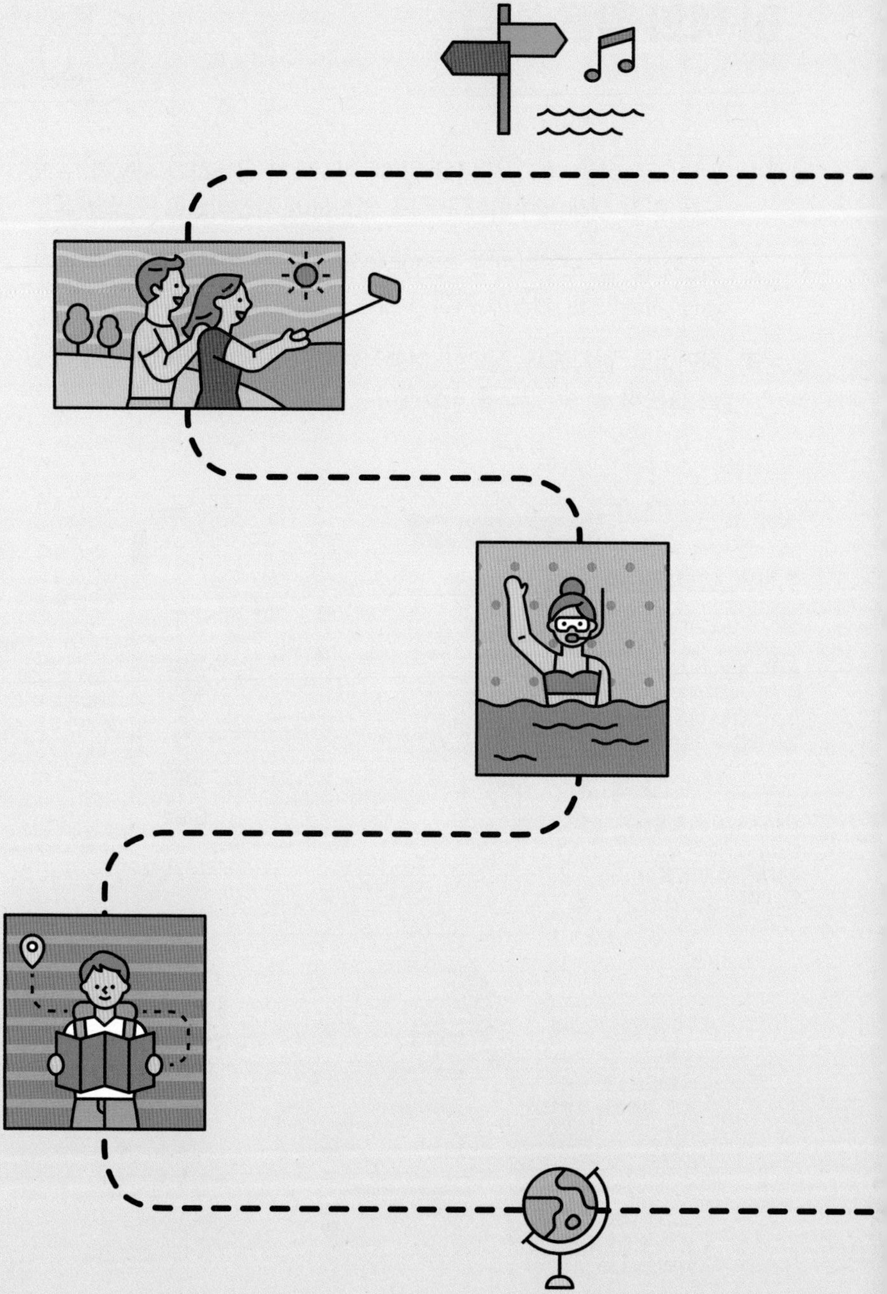

PART 1

비행기 기내

① 창문 まど 窓 마도	② 승무원 きゃくしつじょう む いん 客室乗務員 캬쿠시츠쇼-무잉	③ 머리 위의 짐칸 ず じょう に もつだな 頭上の荷物棚 즈조-노니모쯔다나
④ 에어컨 エアコン 에아콘	⑤ 조명 しょうめい 照明 쇼-메이	⑥ 모니터 モニター 모니타-
⑦ 좌석(자리) せき 席 세키	⑧ 구명조끼 きゅうめい 救命チョッキ 큐-메-촛키	⑨ 호출버튼 よ だ 呼び出しボタン 요비다시보탄
⑩ 안전벨트 あんぜん 安全ベルト 안젠베루토	⑪ 짐 に もつ 荷物 니모츠	⑫ 통로 つう ろ 通路 츠-로
⑬ 비상구 ひ じょうぐち 非常口 히죠-구치	⑭ 화장실 て あら お手洗い / トイレ 오테아라이 / 토이레	⑮ 이어폰 イヤホン 이야혼

기내 서비스 물품

신문
しんぶん
新聞
싱붕

한글
ハングル
항구루

영어
えいご
英語
에–고

일어
にほんご
日本語
니홍고

중문
ちゅうぶん
中文
츄–붕

면세품 목록
めんぜいひん
免税品カタログ
멘제힝카타로구

잡지
ざっし
雑誌
잣시

담요
もうふ
毛布
모–후

베개
まくら
枕
마쿠라

입국카드
にゅうこく
入国カード
뉴–코쿠카–도

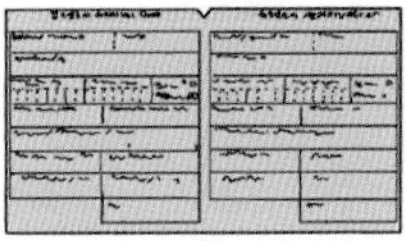

티슈
ティッシュ
팃슈

음료, 식사 관련

음료수
の もの
飲み物
노미모노

망고 주스
マンゴー ジュース
망고–쥬–스

콜라
コーラ
코라

오렌지주스
オレンジ ジュース
오렌지쥬–스

우유
ぎゅうにゅう
牛乳
규–뉴–

커피
コーヒー
코–히–

맥주
ビール
비–루

물
みず
水
미즈

식사
しょくじ
食事
쇼쿠지

포크 フォーク 표–크 	나이프 ナイフ 나이후 	젓가락 はし 하시 

기내 면세품

담배 タバコ 타바코 	술 さけ お酒 오사케 	화장품 けしょうひん 化粧品 케쇼–힝 
향수 こうすい 香水 코–스이 	시계 と けい 時計 토케– 	목걸이 ネックレス 넷쿠레스 

입국심사 1

사업차 ビジネス 비지네스 	여행, 관광 りょこう かんこう 旅行 / 観光 료코– / 캉코– 	공무 こう む 公務 코–무 
취업 しゅうぎょう 就業 슈–교– 	거주 きょじゅう 居住 쿄쥬– 	친척 방문 しんせきほうもん 親戚訪問 싱세키호–몬 
유학 りゅうがく 留学 류–가쿠 	귀국 き こく 帰国 키코쿠 	휴가 きゅう か 休暇 큐–카 

입국심사 2

호텔 ホテル 호테루 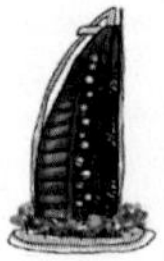	친척집 しんせき いえ 親戚の 家 싱세키노 이에 

친구집

ゆうじん いえ
友人の 家
유−징노 이에

미정입니다.

みてい
未定です
미테이데스

수화물 찾기

분실했어요.

な
失くしました。
나쿠시마시타

바뀌었어요.

い か
入れ替わりました。
이레카와리마시타

개인 물품

개인 소지품

み まわ ひん
身の回り品
미노마와리힝

선물

プレゼント
프레젱토

지폐와 동전

여행자 수표

りょこう こぎって
旅行小切手
료코−코깃테

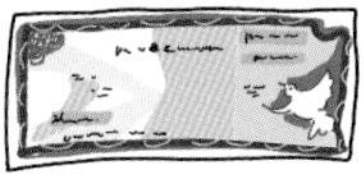

엔화

えんか
円貨
엥카

달러

ドル
도루

한화

かんこく かへい
韓国貨幣
캉코쿠카헤−

현금

げんきん
現金
겡킹

수표

こぎって
小切手
코깃테

지폐

しへい
紙幣
시헤−

동전

こぜに
小銭 / コイン
코제니 / 코인

여행관련자료

지하철 노선도 ちかてつ ろせんず **地下鉄の路線図** 치카테쯔노 로센즈 	관광지도 かんこう ちず **観光地図** 칸코-치즈 	여행안내자료 りょこうあんない しりょう **旅行案内資料** 료코-앙나이시료- 
한국어 팸플릿 かんこくご **韓国語パンフレット** 캉코쿠고 팡푸렛토	시내지도 しない ちず **市内地図** 시나이 치즈	버스 시간표 じこくひょう **バス 時刻表** 바스 지코쿠효-
버스 노선도 ろせんず **バス 路線図** 바스 로센즈	호텔 리스트 **ホテルリスト** 호테루 리스토	버스 투어 안내서 あんないしょ **バスツアー案内書** 바스 쯔아 앙나이쇼

핵심 단어

출발 입구 しゅっぱつ **出発ゲート** 슛파쯔게-토	도착 입구 とうちゃく **到着ゲート** 도-챠쿠 게-토	
국내선 こくないせん **国内線** 코쿠나이센	탑승수속 중 とうじょうてつづ **搭乗手続き** 도-죠-테쯔즈키	
환승 비행기 の か ひこうき **乗り換え飛行機** 노리카에 히코-키	지연 ちえん **遅延** 치엥	공석 대기 くうせきたいき **空席待機** 코-세키 타이키

대중교통, 공용시설

시외버스 터미널
しがい
市外バスターミナル
시가이바스 타-미나루

관광버스 터미널
かんこう
観光バスターミナル
캉코-바스 타-미나루

여객 터미널
きゃくせん
客船ターミナル
캬쿠센 타-미나루

리무진버스 정류장
の ば
リムジンバス乗り場
리무진바스노리바

버스 정류장
てい
バス停
바스테이

택시 정류장
の ば
タクシー乗り場
타쿠시-노리바

공항
くうこう
空港
쿠-코-

열차역
れっしゃえき
列車駅
렛샤에키

지하철역
ち か てつ えき
地下鉄の駅
치카테쯔노 에키

주차장
ちゅうしゃじょう
駐車場
츄-샤죠-

비상구
ひ じょうぐち
非常口
히죠-구치

엘리베이터
エレベーター
에레베-타-

매표소
きっ ぷ う り ば
切符売場
킷푸우리바

렌터카영업소
えいぎょうしょ
レンタカー営業所
렌타카-에-교-쇼

입구 / 출구
いりぐち で ぐち
入口 / 出口
이리구치 / 데구치

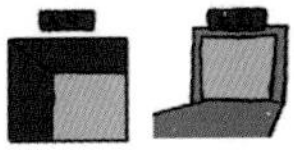

예약 창구
よ やくまどぐち
予約窓口
요야쿠마도구치

환불
はら もど
払い戻し
하라이모도시

방향, 장소

동서남북
東西南北(とうざいなんぼく)
토우자이낭보쿠

여기 / 저기(에서)
ここ / あそこから(で)
코코 / 아소코 카라(데)

사거리에서
十字路(じゅうじろ)**から(で)**
쥬–지로 카라(데)

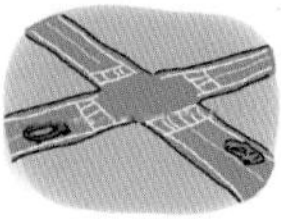

건물에서
建物(たてもの)**から(で)**
타테모노 카라(데)

골목에서
路地(ろじ)**から(で)**
로지 카라(데)

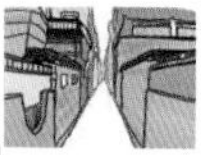

모퉁이에서
街角(まちかど)**から(で)**
마치카도 카라(데)

삼거리에서
三叉路(さんさろ)**から(で)**
산사로 카라(데)

이쪽 / 저쪽 / 오른쪽 / 왼쪽 / 앞 / 뒤(에서)
こちら / あちら / 右(みぎ)**/ 左**(ひだり)**/ 前**(まえ)**/ 後**(あと)**から**
코치라 / 아치라 / 미기 / 히다리 / 마에 / 아토 카라

횡단보도
横断歩道(おうだんほどう)
오우당호도우

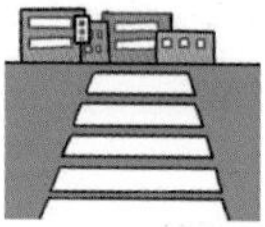

신호등
信号(しんごう)
싱고우

길을 잃어 버렸어요.
道(みち)**に迷**(まよ)**ってしまいました**
미치니 마욧테시마이마시타

여기가 어딘지 모르겠어요.
ここがどこか分(わ)**かりません**
코코가 도코카 와카리마셍

장소

이곳
こちら
코치라

가까운 길
近道(ちかみち)
치가미치

버스 종류 1

일반버스
いっぱん
一般バス
잇팡바스

트롤리버스
トロリーバス
트로리-바스

이층버스
に かいだて
二階建バス
니가이다테바스

소형버스
マイクロバス
마이쿠로바스

핵심 단어

고속버스
こうそく
高速バス
코-소쿠바스

직행버스
ちょっこう
直行バス
촛코-바스

매일
まいにち
毎日
마이니치

격일
かくじつ
隔日
카쿠지쯔

수시로
ずい じ
随時
즈이지

기간

반나절
はんにち
半日
항니치

당일치기
ひ がえ
日帰り
히가에리

2일
ふつ か
二日
후쯔카

3일
みっ か
三日
맛카

시간

오전
ご ぜん
午前
고젱

오후
ご ご
午後
고고

지하철 노선

1호선
いちごうせん
一号線
이치고–셍

2호선
にごうせん
二号線
니고–셍

3호선
さんごうせん
三号線
산고–셍

4호선
よんごうせん
四号線
용고–셍

5호선
ごごうせん
五号線
고고–셍

6호선
ろくごうせん
六号線
로쿠고–셍

7호선
ななごうせん
七号線
나나고–셍

8호선
はちごうせん
八号線
하치고–셍

9호선
きゅうごうせん
九号線
큐–고–셍

열차 대합실

매표소
きっぷうりば
切符売場
킷푸우리바

외국인 전용 매표소
がいこくじんせんよう きっぷうりば
外国人専用 切符売場
가이코투징 셍요– 킷푸우리바

짐 보관소
にもつほかんじょ
荷物保管所
니모쯔 호캉죠

대기실
まちあいしつ
待合室
마치아이시쯔

화장실
てあら
お手洗い / トイレ
오테아라이 / 토이레

안내소
インフォメーション
잉표메–숑

열차 플랫폼
れっしゃ
列車プラットホーム
렛샤 푸랏토호–무

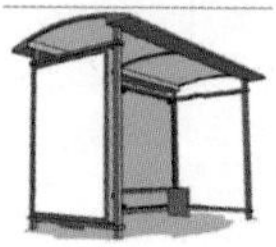

열차 종류

신칸센 しんかんせん **新幹線** 싱캉셍 	도큐(특급) とっきゅう **特急** 톳큐– 	큐코(급행) きゅうこう **急行** 큐–코– 
카이소쿠(쾌속) かいそく **快速** 카이소쿠 	후쯔우(보통) ふ つう **普通** 후쯔우 	침대특급 열차 しんだいとっきゅう **寝台特急** 신다이 톳큐

객차 등급

특급석 とっきゅうせき **特急席** 톳큐–세키	일반석 いっぱんせき **一般席** 잇팡세키	입석 たちせき **立席** 타치세키

기타

JR **ジェーアール** 제–아–루	공항급행 きゅうこう **急行** 큐–코–	레일패스 **レールパス** 레–루파스
열차번호 れっしゃばんごう **列車番号** 렛샤방고–	편도 かたみち **片道** 카타미치	왕복 おうふく **往復** 오–후쿠

핵심 단어

도착지 とうちゃくち **到着地** 토–챠쿠치	날짜 ひ づけ **日付** 히즈케	열차번호 れっしゃばんごう **列車番号** 렛샤 방고–

침대
しんだい
寝台
싱다이

인원
じんいん
人員
징잉

열차표
れっしゃきっぷ
列車切符
렛샤 킷푸

객차

승무원
じょうむいん
乗務員
죠-무잉

식당칸
しょくどうしゃ
食堂車
쇼쿠도-샤

화장실
トイレ
토이레

비행기표

비행기표
こうくう
航空チケット
코-쿠-치켓토

국내
こくない
国内
코쿠나이

국외
かいがい
海外
카이가이

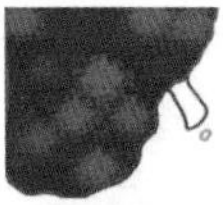

편도
かたみち
片道
카타미치

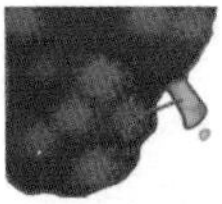

왕복
おうふく
往復
오-후쿠

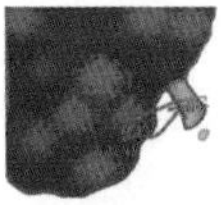

경유
けいゆ
経由
케-유

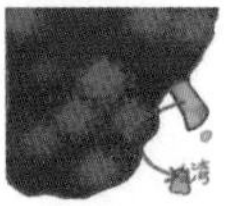

출발 도시
しゅっぱつ とし
出発 都市
슛파츠 토시

목적 도시
もくてき とし
目的 都市
모쿠테키 토시

출발 날짜
しゅっぱつ び
出発日
슛파쯔비

출발 시간
しゅっぱつ じかん
出発 時間
슛파츠 지캉

돌아오는 날짜
かえ ひづけ
帰りの日付
카에리노히즈케

돌아오는 날 시간
かえ じかん
帰りの時間
카에리노지캉

좌석 등급
ざせき とうきゅう
座席 等級
자세키 도-큐-

공항

국제선 데스크

こくさいせん

国際線 デスク

코쿠사이셍 데스쿠

국내선 데스크

こくないせん

国内線 デスク

코쿠나이셍 데스쿠

탑승 대기소

とうじょうまちあいしつ

搭乗待合室

도우죠–마치아이시쯔

좌석 등급

1등석

いっとうせき

一等席

잇토–세키

2등석

に とうせき

二等席

니토–세키

3등석

さんとうせき

三等席

산토–세키

VIP석

せき

VIP席

브이아루피세키

핵심 단어

선명(배이름)

せんめい

船名

셈메이

출항일

しゅっこうにち

出航日

슛코–니치

목적지

もくてき ち

目的地

모쿠테키치

좌석 등급

ざ せきとうきゅう

座席等級

자세키토–큐–

자동차의 종류 - 크기

중형차
ちゅうがたしゃ
中型車
츄-가타샤

소형차
こがたしゃ
小型車
코가타샤

대형차
おおがたしゃ
大型車
오-가타샤

스포츠카
スポーツカー
스포-츠카

핵심 단어

서행
じょこう
徐行
죠코-

일시정지
いちじていし
一時停止
이치지테이시

추월금지
おいこしきんし
追越禁止
오이코시킨시

제한속도
せいげんそくど
制限速度
세이겐소쿠도

일방통행
いっぽうつうこう
一方通行
잇포-츠-코-

주차금지
ちゅうしゃきんし
駐車禁止
츄-샤킨시

우측통행
うそくつうこう
右側通行
우소쿠쯔-코-

진입금지
しんにゅうきんし
進入禁止
신뉴-킨시

유턴금지
きんし
Uターン禁止
유탄킨시

낙석도로
らくせきどうろ
落石道路
라쿠세키도-로

어린이 보호구역
スクールゾーン
스쿠-루존

놀거리

번화가
繁華街 (はんかがい)
한카가이

극장
劇場 (げきじょう)
게키죠

수영장
プール
푸-루

영화관
映画館 (えいがかん)
에이가칸

놀이동산
遊園地 (ゆうえんち)
유-엔치

스키장
スキー場 (じょう)
스키-죠-

노래방
カラオケ
카라오케

사우나
サウナ
사우나

나이트클럽
ナイトクラブ
나이토쿠라브

동물원
動物園 (どうぶつえん)
도-부쯔엥

식물원
植物園 (しょくぶつえん)
쇼쿠부츠엔
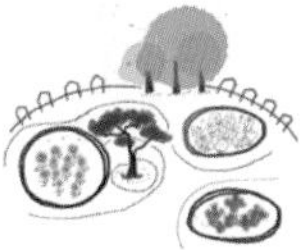

편의시설, 공공시설

세탁소
クリーニング屋 (や)
쿠리-닝구야

PC방
インターネットカフェ
인타-넷토카페

목욕탕
銭湯 (せんとう)
센토-

마사지 샵
マッサージ屋 (や)
맛사-지야

발 마사지 샵
足マッサージ屋 (あし / や)
아시맛사-지야
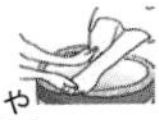

화장실
お手洗い (てあらい) / トイレ
오테아라이 / 토이레

은행
銀行 (ぎんこう)
긴코우
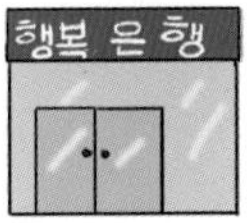

약국
薬局 (やっきょく)
얏쿄쿠

병원
びょういん
病院
보–잉

우체국
ゆうびんきょく
郵便局
유–빈쿄쿠

소방서
しょうぼうしょ
消防署
쇼–보–쇼

경찰서
けいさつしょ
警察署
케이사츠쇼

도서관
としょかん
図書館
토쇼칸

국무원
こくむいん
国務院
코쿠무잉

영사관
りょうじかん
領事館
료–지캉

현금지급기(ATM)
エイティーエム
에이티–에무

백화점
ひゃっかてん
百貨店
핫카텡

관광 안내소
かんこうあんないじょ
観光案内所
칸코–안나이죠

매표소
きっぷうりば
切符売場
킷푸우리바

일본 대표 관광지

하라주쿠
はらじゅく
原宿
하라쥬쿠

도쿄타워
とうきょう
東京タワー
토우쿄–타와–

신주쿠
しんじゅく
新宿
신쥬쿠

오다이바
だいば
お台場
오다이바

에노시마
え しま
江の島
에노시마

아사쿠사
あさくさ
浅草
아사쿠사

디즈니랜드
ディズニーランド
디즈니–란도

시부야
しぶや
渋谷
시부야

에비스
えびす
恵比寿
에비스

우에노
うえの
上野
우에노

후지산
ふじさん
富士山
후지상

하코네
はこね
箱根
하코네

후지큐 하이랜드
ふじきゅう
富士急ハイランド
후지큐하이란도

요코하마
よこはま
横浜
요코하마

오사카성
おおさかじょう
大阪城
오–사카죠–

도톤보리
どうとんぼり
道頓堀
도–톤보리

유니버셜스튜디오
ユニバーサルスタジオ
유니바–사루스타즈오

우메다
うめだ
梅田
우메다

나라공원(사슴공원)
ならこうえん
奈良公園
나라코–엔

도다이지
とうだいじ
東大寺
토–다이지

킨카쿠지
きんかくじ
金閣寺
킨카쿠지

기요미즈데라
きよみずでら
清水寺
키요미즈데라

고베 포트타워
こうべ
神戸ポートタワー
코우베포–토타와–

하버랜드
ハーバーランド
하–바–란도

기타노이진칸
きたのいじんかん
北野異人館
키타노이진칸

하우스텐보스
ハウステンボス
하우스텐보스

벳부 지옥온천
べっぷじごくおんせん
別府地獄温泉
벳부지고쿠온센

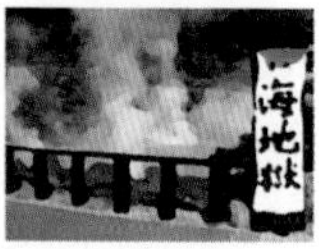

유후인 긴린코호수
ゆふいんきんりんこ
由布院金鱗湖
유후인킨린코

다자이후
だざいふ
大宰府
다자이후

모모치해변
かいひん
ももち海浜
모모치카이힝

나카스야타이
なかすやたい
中洲屋台
나카스야타이

아소산
あそさん
阿蘇山
아소상

오타루운하
おたるうんが
小樽運河
오타루운가

삿포로
さっぽろ
札幌
삿포로

후라노
ふらの
富良野
후라노

비에이
びえい
美瑛
비에–

하코다테
はこだて
函館
하코다테

나가사키
ながさき
長崎
나가사키

데지마
でじま
出島
데지마

사세보
させぼ
佐世保
사세보

나하
なは
那覇
나하

아메리칸 빌리지
アメリカンビレッジ
아메리칸비렌지

어른
おとな
大人
오토나

학생
がくせい
学生
갓세–

단체
だんたい
団体
당타이

노인
ろうじん
老人
로–징

유아
ようじ
幼児
요–지

입장권 세트

にゅうじょうけん
入場券 セット
뉴–죠–켕 셋토

가운데 자리
ま なか せき
真ん中の席
망나카노 세키

가장자리
はし
端
하시

케이블 승차권
じょうしゃけん
ケーブル乗車券
케–부루 죠–샤켕

핵심 단어

유료(무료) 주차
ゆうりょう む りょうちゅうしゃ
有料 / 無料駐車
유–료– / 무료– 츄–샤

주차비
ちゅうしゃりょう
駐車料
츄–샤–료–

화장실 이용
りよう
トイレ利用
토이레리요–

자연물

산
やま
山
야마

강
かわ
川
카와

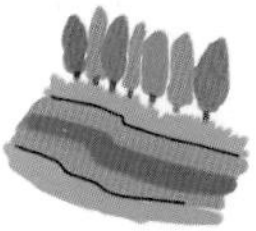

호수
みずうみ
湖
미즈–미

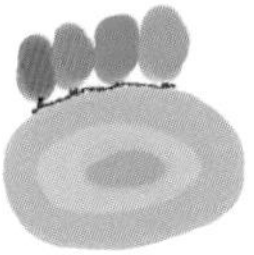

저수지
ちょすいち
貯水池
쵸스이치

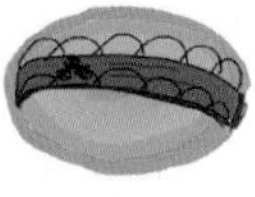

연못
いけ
池
이케

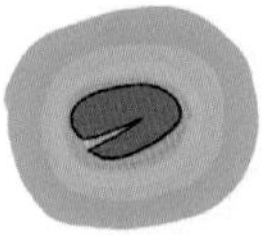

바다
うみ
海
우미

습지
しっち
湿地
싯치

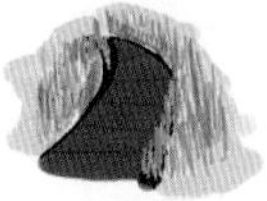

협곡
きょうこく
峡谷
교-코쿠

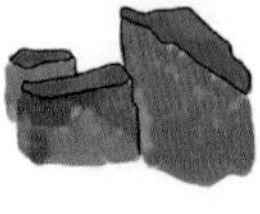

해안
かいがん
海岸
카이간

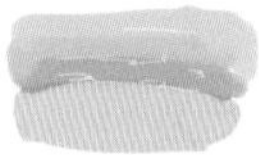

동굴
どうくつ
洞窟
도-쿠츠

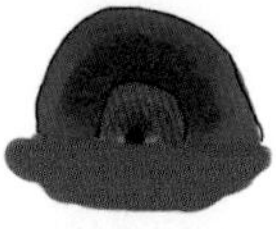

섬
しま
島
시마

삼림
もり
森
모리

초원
そうげん
草原
소-겐

사막
さばく
砂漠
사바쿠

폭포
たき
滝
타키

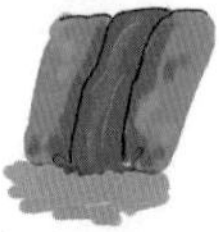

인공 자연물

분수
ふんすい
噴水
훈스이

공원
こうえん
公園
코우엔

댐
ダム
다무

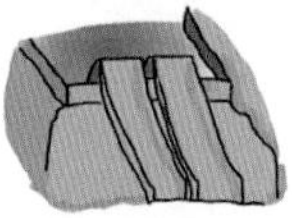

정원
にわ
庭
니와

유적

장성
ちょうじょう
長城
쵸-죠-

명승지
めいしょうち
名勝地
메이쇼-치

유적지
いせき
遺跡
이세키

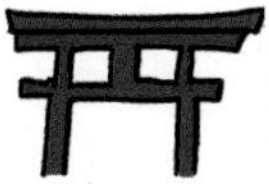

성
しろ
城
시로

석불
いしぼとけ
石仏
이시보토케

불상
ぶつぞう
仏像
부쯔조–

사찰
じいん
寺院
지잉

탑
とう
塔
토–

무덤
はか
墓
하카

문
もん
門
몽

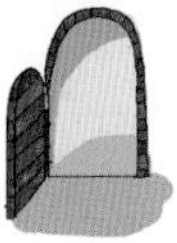

사당
しんびょう
神廟
싱뵤–

옛날 집
こみんか
古民家
코밍카

고궁
こきゅう
古宮
코큐–

기념비
きねんひ
記念碑
키넹히

기념관
きねんかん
記念館
키넹칸

다리
はし
橋
하시

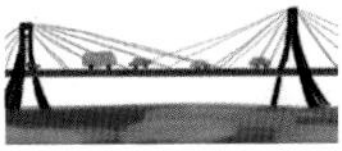

광장
ひろば
広場
히로바

성당
せいどう
聖堂
세–도–

교회
きょうかい
教会
쿄–카이

박물관
はくぶつかん
博物館
하쿠부츠칸

미술관
びじゅつかん
美術館
비쥬츠칸

건물
たてもの
建物
타테모노

대학
だいがく
大学
다이가쿠

이슬람 사원
じいん
イスラム寺院
이스라무지잉

규모

길이
なが
長さ
나가사

넓이
ひろ
広さ
히로사

무게
おも
重さ
오모사

크기
おお
大きさ
오–키사

핵심 단어

출입금지
た い きん し
立ち入り禁止
타치이리킹시

접근금지
せっきんきん し
接近禁止
셋킹킹시

금연
きんえん
禁煙
킹엥

조용히 하세요
しず
静かにしてください
시즈카니시테쿠다사이

손대지 마세요
て さわ
手で触らないでください
테데 사와나라이데 쿠타사이

들어가지 마세요
はい
入らないでください
하이라나이데쿠다사이

사진 촬영 금지
しゃしんさつえいきん し
写真撮影禁止
샤싱사쯔에이 킹시

사진기 명칭

① 전원 스위치	② 셔터 버튼	③ 셀프타이머
でんげん **電源スイッチ** 뎅겡 스잇치	**シャッターボタン** 샷타–보탕	**セルフタイマー** 세루후타이마–
④ 내장 플래쉬 ないぞう **内臓フラッシュ** 나이조– 후랏슈		⑤ 렌즈 **レンズ** 렌즈

박물관

유물 い ぶつ **遺物** 이부쯔 	도자기 とう き **陶器** 토–키 
화석 か せき **化石** 카세키 	공룡 きょうりゅう **恐竜** 쿄–류– 

가부키공연 かぶきこうえん **歌舞伎公演** 카부키코–엥 	노공연 のうこうえん **能公演** 노–코–엥 	분라쿠 ぶんらく **文楽** 붕라쿠 
우키요에 파는곳 うきよえう　ば **浮世絵売り場** 우키요에 우리바 	불꽃축제 はなびまつ **花火祭り** 하나비마츠리 	간다마츠리 かんだまつ **神田祭り** 캉다마츠리 
기온마츠리 ぎおんまつ **祇園祭り** 기옹마츠리 	텐진마츠리 てんじんまつ **天神祭り** 텡징마츠리 	사쿠라마츠리 さくらまつ **桜祭り** 사쿠라마츠리 
마츠리 まつ **祭り** 마츠리 	콘서트 **コンサート** 콩사–토 	뮤지컬 **ミュージカル** 뮤–지카루 
연극 えんげき **演劇** 엥게키 	클래식 연주 えんそう **クラシック演奏** 쿠라싯쿠엥쇼– 	오케스트라 **オーケストラ** 오–케스토라 

스포츠 종목

볼링 **ボウリング** 보우링구 	암벽등반 **ロッククライミング** 롯쿠구라이밍구 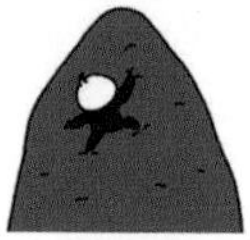
활강 **ダウンヒル** 다웅히루 	수상그네 すいじょう **水上 ブランコ** 스이죠–푸랑코 
페러글라이딩 **パラグライダー** 파라구라이다– 	번지점프 **バンジージャンプ** 반지–쟌푸 

낚시 さかなつ **魚釣り** 사카나쯔리 	인공 암벽 **フリークライミング** 후리–쿠라이밍구 
바둑 い ご **囲碁** 이고 	카레이싱 **カーレーシング** 카–레–싱구 
윈드서핑 **ウインドサーフィン** 우잉도사–힌 	골프 **ゴルフ** 고루후 
테니스 **テニス** 테니스 	스키 **スキー** 스키– 
태극권 たいきょくけん **太極拳** 타이쿄쿠켄 	소림무술 ぶ じゅつ **武術** 부쥬쯔 
승마 じょう ば **乗馬** 죠–바 	축구 **サッカー** 삿카– 
배구 **バレーボール** 바레–보–루 	야구 や きゅう **野球** 야큐– 
농구 **バスケットボール** 바스켓토보–루 	탁구 たっきゅう **卓球** 탓큐– 

검술
けんどう
剣道
켄도우

수영
すいえい
水泳
스이에이

경마
けい ば
競馬
케이바

권투
ボクシング
보쿠싱구

태권도
テコンドー
테콩도–

검도
けんどう
剣道
켄도우

무에타이
ムエタイ
무에타이

격투기
かくとう ぎ
格闘技
카쿠토–키

씨름
かんこく　すもう
韓国の相撲 / シルム
칸코쿠노스모우 / 씨루무

당구
ビリヤード
비리야–도

배드민턴
バドミントン
바도민통

럭비
ラグビー
라구비–

스쿼시
スカッシュ
스캇슈

아이스하키
アイスホッケー
아이스홋케–

핸드볼
ハンドボール
한도보–루

등산
と ざん
登山
토장

인라인 스케이트

インラインスケート
인라인스케–토

보트

ボート
보–토

사이클

サイクル
사이쿠루

요가

ヨガ
요가

스카이다이빙

スカイダイビング
스카이다이빙구

행글라이더

ハンググライダー
항구구라이다–

피겨스케이트

フィギュアスケート
히규아스케–토

롤러스케이트

ローラースケート
로–라–스케–토

양궁

アーチェリー
아–체리–

스노클링

シュノーケリング
슈노–케링구

스쿠버다이빙

スキューバダイビング
스큐–바다이빙구

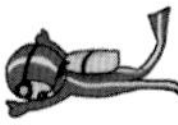

해머던지기

ハンマー投(な)げ
항마–나게

멀리뛰기

走(はし)り幅(はば)跳(と)び
하시리하바토비

창던지기

槍(やり)投(な)げ
야리나게

마라톤

マラソン
마라송

펜싱

フェンシング
휀싱구

쿵푸 **カンフー** 캉후– 	합기도 あいきどう **合気道** 아이키도– 
공수도 からて **空手** 카라테 	레슬링 **レスリング** 레스링구 
스모 すもう **相撲** 스모– 	줄넘기 なわと **縄飛び** 나와토비 
뜀틀 ちょうば **跳馬** 쵸–바 	에어로빅 **エアロビクス** 에아로비쿠스 
아령 **ダンベル** 당베루 	역도 じゅうりょうあ **重量挙げ** 쥬–료–아게 

상점 이름

재래시장
でんとういちば
伝統市場
덴토-이치바

기념품 가게
き ねんひんてん
記念品店
키넹힝텡

골동품 가게
こっとう や
骨董屋
콧토-야

도매시장
おろしうり し じょう
卸売市場
오로시우리시죠-

쇼핑센터
ショッピングセンター
숏핑구센타-

면세점
めんぜいてん
免税店
멘제-텡

편의점
コンビニ
콩비니

문구점
ぶんぼう ぐ てん
文房具店
붕보-구텡

서점
ほん や
本屋
혼야

미술관
び じゅつかん
美術館
비쥬츠칸

의류매장

정장
せいそう
正装
세-소-

청바지
ジーパン
지-팡

티셔츠
ティーシャツ
티-샤츠

원피스
ワンピース
완피-스

반바지
はん
半ズボン
한즈본

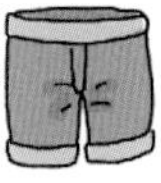

치마
スカート
스카-토

조끼 ベスト 베스토 	셔츠 シャツ 샤츠 	와이셔츠 ワイシャツ 와이샤츠 
재킷 ジャケット 쟈켓토 	운동복 うんどうぎ 運動着 운도–키 	오리털잠바 ダウンパーカー 다운파–카– 
스웨터 セーター 세–타– 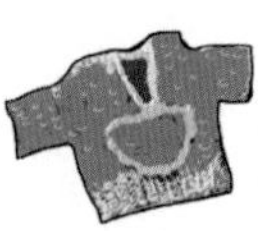	우의 あまぐ 雨具 아마구 	내복 はだぎ 肌着 하다기 
속옷 したぎ 下着 시타기 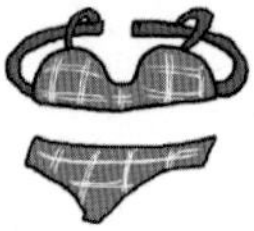	팬티 パンツ 팡츠 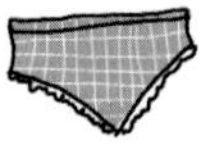	교복 せいふく 制服 세이후쿠 
레이스 レース 레–스 	단추 ボタン 보탄 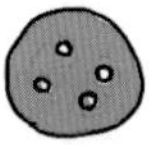	바지 ズボン 즈본 
버클 バックル 박크루 	브래지어 ブラジャー 부라쟈– 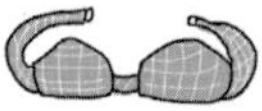	블라우스 ブラウス 부라우스 
소매 そでぐち 袖口 소데구치 	외투 オーバーコート 오–바–코–토 	지퍼 チャック 쟈쿠 
잠옷 パジャマ 파자마 	한복 ハンボク 항보쿠 	키모노 きもの 着物 키모노 

신발, 양말

신발
スニーカー
스니–카–

운동화
うんどうぐつ
運動靴
운도–구츠

힐
ヒール
히–루

부츠
ブーツ
부–츠

슬리퍼
スリッパ
스릿파

조리
ぞうり
草履
조–리
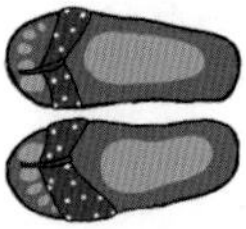

장화
ながぐつ
長靴
나가구쯔

양말
くつした
靴下
쿠츠시타

스타킹
ストッキング
스톳킨구
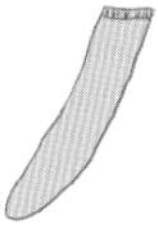

샌들
サンダル
산다루

기타 액세사리

모자
ぼうし
帽子
보–시

가방
かばん
鞄
카방

머리끈
ゴム
고무

귀걸이
イヤリング
이야린구
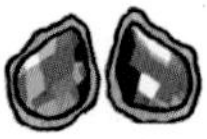

반지
ゆびわ
指輪
유비와

안경
めがね
眼鏡
메가네

선글라스
サングラス
산구라스

지갑
財布(さいふ)
사이후

목도리
マフラー
마후라-

스카프
スカーフ
스카-후

손목시계
腕時計(うでどけい)
우데도케-

팔찌
ブレスレット
브레스렛토

넥타이
ネクタイ
네쿠타이

벨트
ベルト
베루토

장갑
手袋(てぶくろ)
데부쿠로

양산
日傘(ひがさ)
히가사

목걸이
ネックレス
넷쿠레스

브로치
ブローチ
부로-치

손수건
ハンカチ
한카치

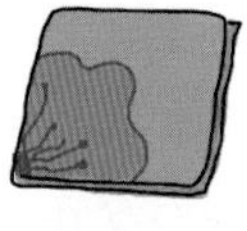

머리핀
ヘアピン
헤아핀

스킨케어류 및 편의점용품

비누
石鹸(せっけん)
셋켄

물티슈
ウェットティッシュ
왓토팃슈

생리대
生理帯(せいりたい)
세이리타이

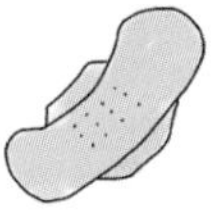

기저귀
オムツ
오무츠

우산
傘(かさ)
카사

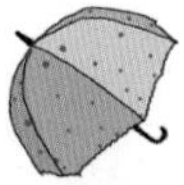

담배
タバコ
타바코

라이터
ライター
라이타-

건전지
乾電池(かんでんち)
칸뎅치

쇼핑백
買い物袋(かいものふくろ)
카이모노후쿠로

종이컵 紙(かみ)コップ 카미콧푸 	컵라면 カップラーメン 캇푸라-멘 	모기약 殺虫剤(さっちゅうざい) 삿츄-자이 
방취제 防臭剤(ぼうしゅうざい) 보-슈-자이 	면도크림 シェービングフォーム 셰-빈구호-무 	면도날 剃刀(かみそり) 카미소리 
스킨 スキン 스킨 	로션 ローション 로-숀 	썬크림 日(ひ)焼(や)け止(と)め 히야케도메 
샴푸 シャンプー 샹푸- 	린스 リンス 린스 	치약 歯(は)磨(みが)き粉(こ) 하미가키코 
칫솔 歯(は)ブラシ 하부라시 	손톱깎이 つめ切(き)り 츠메키리 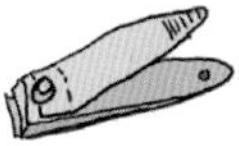	화장지 トイレットペーパー 토이렛토 페-파- 
립스틱 リップスティック 릿푸스틱쿠 	비비크림 BBクリーム 비비쿠리-무 	파운데이션 ファンデーション 환데-숀 
빗 櫛(くし) 쿠시 	사탕 飴(あめ) 아메 	껌 ガム 가무 
초콜릿 チョコレート 쵸코레-토 	아이섀도 アイシャドウ 아이샤도- 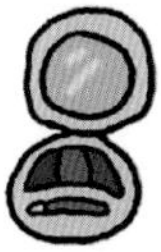	매니큐어 マニキュア 마니큐아 

향수
こうすい
香水
코우스이

마스카라
マスカラ
마스카라

파스
サロンパス
사롱파스

카메라
カメラ
카메라

붓
ふで
筆
후데

책
ほん
本
혼

거울
かがみ
鏡
카가미

핸드폰 케이스
けいたいでんわ
携帯電話ケース
케–타이뎅와케–스

보석

옥
たま
玉
타마

금
きん
金
킨

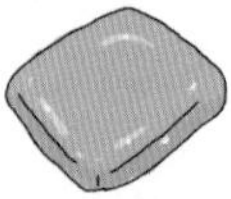

은
ぎん
銀
긴

청동
どう
銅
도우

가넷
ガーネット
가–넷토

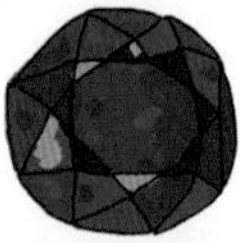

자수정
アメジスト
아메지스토

아쿠아마린
アクアマリン
아쿠아마링

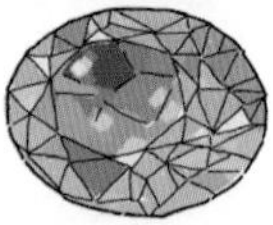

다이아몬드
ダイヤモンド
다이아몬도

에메랄드
エメラルド
에메라우도

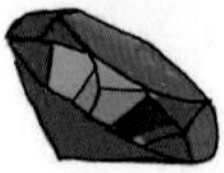

진주
しんじゅ
真珠
신쥬

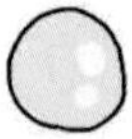

루비

ルビー

루비-

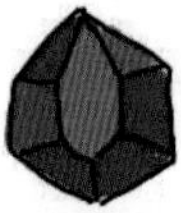

페리도트

ペリドット

페리돗토

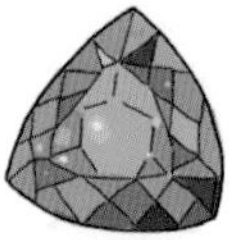

사파이어

サファイア

사화이아

오팔

オパール

오파-루

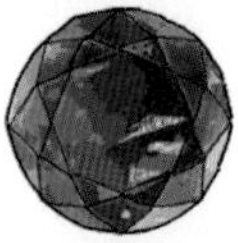

토파즈

トパーズ

토파-즈

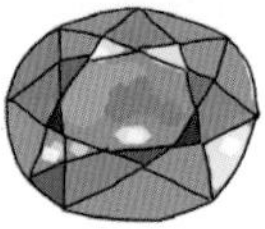

터키석

トルコ石(いし)

토루코이시

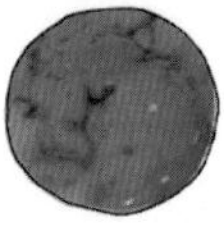

전자제품, 가구

카메라

カメラ

카메라

노트북

ノートパソコン

노-토파소콘

컴퓨터

パソコン

파소콩

핸드폰

携帯電話(けいたいでんわ)

케이타이뎅와

텔레비전

テレビ

테레비

기타

거실용품

リビング用品(ようひん)

리빙구요-힝

주방용품

キッチン用品(ようひん)

킷칭요-힝

골프용품

ゴルフ用品(ようひん)

고루후요-힝

침구류

寝具類(しんぐるい)

싱구루이

장난감
おもちゃ
玩具
오모챠

인형
にんぎょう
人形
닝교-

기념엽서
きねんはがき
記念葉書
키넹하가키

우표
きって
切手
킷테

이것
これ
코레

그것
それ
소레

저것(화자 청자 모두에게 먼 것을 가리키는 말)
あれ
아레

더 화려한 것
はで
もっと 派手なもの
못토 하데나모노

더 큰 사이즈
おお
もっと大きなサイズ
못토 오-키나 사이즈

더 작은 사이즈
ちい
もっと小さなサイズ
못토 치이사나 사이즈

더 수수한 것
じみ
もっと地味なもの
못토 지미나모노

유행상품
りゅうこうしょうひん
流行商品
류-코-쇼-힝

더 무거운 것
おも
もっと 重いもの
못토 오모이모노

더 가벼운 것
かる
もっと 軽いもの
못토 카루이모노

더 긴 것
なが
もっと 長いもの
못토 나가이모노

더 짧은 것
みじか
もっと 短いもの
못토 미지카이모노

다른 종류
しゅるい
ほかの 種類
호카노 슈루이

다른 디자인
ほかの デザイン
호카노 데자잉
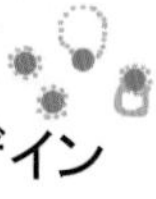

다른 색깔
いろ
ほかの色
호카노 이로

더 싼 것
やす
もっと 安い もの
못토 야스이 모노

더 비싼 것

たか

もっと 高い もの

못토 타카이 모노

신상품

しんしょうひん

新商品

신쇼–힝

몇 가지

いくつか

이쿠츠카

빨간색

あか いろ

赤い色

아카이로

주황색

いろ

オレンジ色

오렌지이로

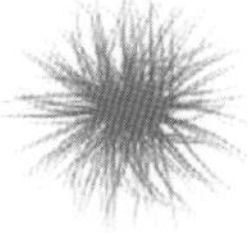

노란색

き いろ

黄色

키이로

초록색

みどりいろ

緑色

미도리이로

파란색

あおいろ

青色

아오이로

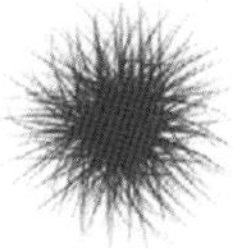

남색

こんいろ

紺色

콩이로

보라색

むらさきいろ

紫 色

무라사키이로

상아색

いろ

アイボリー色

아이보리–이로

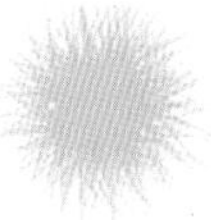

황토색

おう ど いろ

黄土色

오–도이로

검은색

くろいろ

黒色

쿠로이로

회색

はいいろ

灰色

하이이로

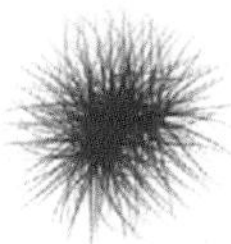

흰색

しろいろ

白色

시로이로

갈색

ちゃいろ

茶色

챠이로

분홍색

いろ

ピンク色

핀쿠이로

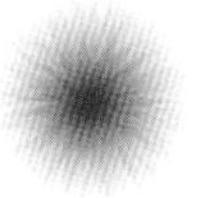

면
めん
綿
멩

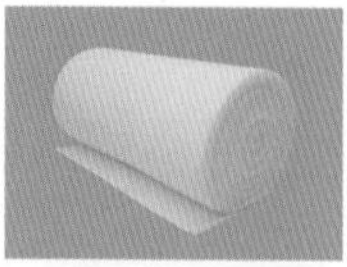

마
あさ
麻
아사

실크
シルク
시루쿠

울
ウール
우-루

가죽
かわ
革
카와

폴리에스테르
ポリエステル
포리에스테루

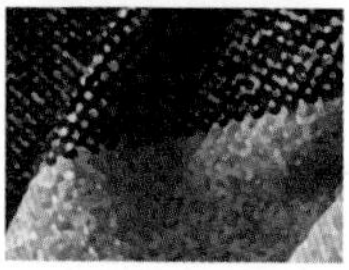

입어 봐도
(바지를) 입어봐도
き
着ても
はい
穿ても
키테모
하이테모

신어봐도
は
履いてみても
하이테미테모

메봐도
せ お
背負っても
세옷테모

먹어 봐도
た
食べても
타베테모

발라 봐도
ぬ
塗っても
누테모

들어 봐도
も
持っても
못테모

만져 봐도
さわ
触っても
사왓테모

착용해 봐도
ちゃくよう
着用しても
차쿠요우시테모

동전

1엔
いちえん
一円
이치엥

5엔
ご えん
五円
고엥

10엔
じゅうえん
十円
쥬-엥

50엔
ご じゅうえん
五十円
고쥬-엥

100엔
ひゃくえん
百円
햐쿠엥

500엔
ご ひゃくえん
五百円
고햐쿠엥

1000엔
せんえん
千円
셍엥

2000엔
に せんえん
二千円
니셍엥

5000엔
ご せんえん
五千円
고셍엥

10000엔
いちまんえん
一万円
이치망엥

할인

90%
きゅうじゅっ
九十 パーセント
큐-즛파-센토

80%
はちじゅっ
八十 パーセント
하치즛파-센토

70%
しちじゅっ
七十 パーセント
시치즛파-센토

60%
ろくじゅっ
六十 パーセント
로쿠즛파-센토

50%
ご じゅっ
五十 パーセント
고즛파-센토

결제

여행자수표 トラベラーズチェック 토라베라–즈첵쿠 	현금 げんきん 現金 겡킹 	신용카드 クレジットカード 쿠레짓토카–도 

과일

렌우 レンブ 렌푸 	용안 リュウガン 류–간 	여지 レイシ 레–시 
망고 マンゴー 망고– 	비파 ビワ 비와 	망고스틴 マンゴスチン 망고스친 
산사 さんざし 山楂子 산자시 	양매 ヤマモモ 야마모모 	양다래 キウイフルーツ 키위후루–쯔 
유자 ゆず 柚子 유즈 	하미과 ハミウリ 하미우리 	람부탄 ランブータン 랑푸탄 
사과 りんご 林檎 링고 	배 なし 梨 나시 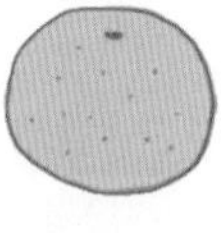	귤 みかん 蜜柑 미캉 
수박 すいか 西瓜 스이카 	포도 ぶどう 葡萄 부도우 	복숭아 もも 桃 모모 

멜론

メロン
메론

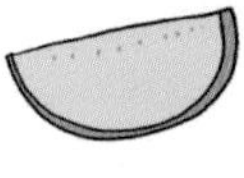

앵두

ユスラウメ
유스라우메

오렌지

オレンジ
오렌지

레몬

レモン
레몬

바나나

バナナ
바나나

자두

すもも
李
스모모

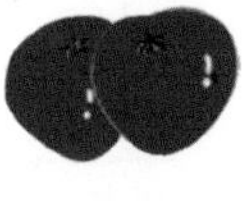

두리안

ドリアン
도리안

살구

あんず
杏
안즈

감

かき
柿
카키

참외

うり
瓜
우리

파인애플

パイナップル
파이낫푸루

키위

キウイ
키우이

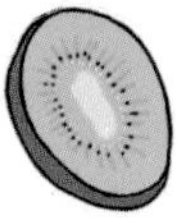

코코넛

ココナッツ
코코낫츠

사탕수수

さとうきび
砂糖黍
사토우키비

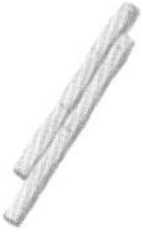

구아바

グアバ
구아바

밤

くり
栗
쿠리

대추

なつめ
棗
나츠메

딸기

いちご
苺
이치고

건포도

ほ　ぶどう
干し葡萄
호시부도우

체리

チェリー
체리–

블루베리

ブルーベリー
부루–베리–

라임

ライム
라이무

무화과

いちじく
無花果
이치지쿠

석류

ザクロ
사쿠로

채소

고수나물 パクチー 파쿠치 	공심채 ヨウサイ 요-사이 	청경채 チンゲンサイ 칭겡사이 
호박 かぼちゃ 카보챠 	당근 ニンジン 닝징 	피망 ピーマン 피-망 
버섯 きのこ 키노코 	감자 いも 芋 이모 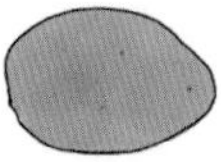	고추 とうがらし 唐辛子 토-가라시 
토마토 トマト 토마토 	무 だいこん 大根 다이콘 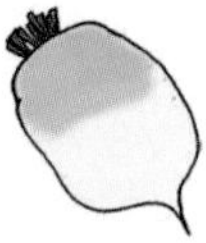	배추 はくさい 白菜 하쿠사이 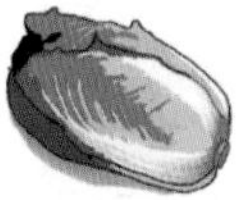
마늘 にんにく 닌니쿠 	우엉 ごぼう 고보- 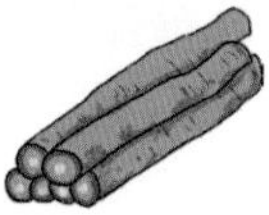	상추 サンチュ 산츄 
시금치 ほうれんそう 호-렌소- 	양배추 キャベツ 캬베츠 	브로콜리 ブロッコリー 부롯코리- 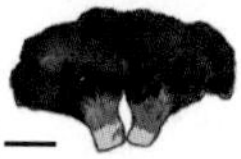
양파 たまねぎ 玉葱 타마네기 	단호박 カボチャ 카보챠 	고구마 さつまいも 사츠마이모 
오이 きゅうり 胡瓜 큐-리 	파 ねぎ 葱 네기 	콩나물 まめ 豆もやし 마메모야시 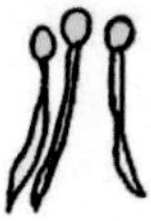

생강
しょうが
生薑
쇼–가

미나리
せり
세리

옥수수
とうもろこし
토–모로코시

가지
なす
茄子
나스

송이버섯
まつたけ
松茸
마츠타케

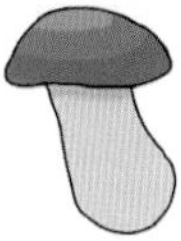

죽순
たけ こ
竹の子
타케노코

파슬리
パセリ
파세리

도라지
き きょう
桔梗
키쿄–

깻잎
は
エゴマの葉
에고마노하

고사리
わらび
蕨
와라비

청양고추
から とうがらし
辛い唐辛子
카라이 토–가라시

팽이버섯
だけ
えのき茸
에노키다케

올리브
オリーブ
오리–부

쑥갓
きくな
菊菜
키쿠나

인삼
にんじん
人参
닌진

홍삼
ホンサム
홍사무

음식점

중식당 ちゅう か りょう り てん 中華料理店 츄-카료-리텡 	한국식당 かんこく しょくどう 韓国の食堂 캉코쿠노 쇼쿠도- 	일식당 に ほん しょくどう 日本の食堂 니홍노 쇼쿠도- 
뷔페 バイキング 바이킹구 	프랑스 레스토랑 フランスレストラン 후란스레스토랑 	이태리 레스토랑 イタリアレストラン 이타리아레스토랑 
인도 레스토랑 インドレストラン 인도레스토랑 	태국 레스토랑 タイレストラン 타이레스토랑 	가까운 식당 ちか しょくどう 近い食堂 치가이 쇼쿠도- 
저렴한 식당 て ごろ しょくどう 手頃な食堂 테고로나 쇼쿠도-	고급 식당 こうきゅうしょくどう 高級食堂 코-큐- 쇼쿠도-	전문 식당 せんもんしょくどう 専門食堂 셍몽 쇼쿠도-
포장마차 や たい 屋台 야타이 	맛있는 식당 お い しょくどう 美味しい食堂 오이시이 쇼쿠도- 	이 지방의 전통요리 ち ほう でんとう この 地方の伝統 りょう り 料理 코노 치호-노 뎅토- 료리

패스트푸드 / 분식 / 기타

제과점 や パン屋 판야 	패스트푸드점 ファーストフード 파-스토후-도 	KFC ケンタッキー 켄탓키-
맥도날드 マクドナルド 마쿠도나르도	피자헛 ピザハット 피자핫토	롯데리아 ロッテリア 롯테리아

파파이스
ポパイズ
포파이즈

재즈바
ジャズバー
쟈즈바–

커피숍
コーヒーショップ
코–히–숏푸

창가자리
まどぎわ　せき
窓際の席
마도기와노 세키

금연석
きんえんせき
禁煙席
킹엔세키

흡연석
きつえんせき
喫煙席
키쯔엥세키

조용한 자리
しず　せき
静かな席
시즈카나세키

일본요리

회
さしみ
刺身
사시미

생선초밥
すし
寿司
스시

다코야키
や
たこ焼き
타코야키

오코노미야키
この　や
お好み焼き
오코노미야키

우동
うどん
饂飩
우동

메밀소바
そば
蕎麦
소바

돈코츠라멘
とんこつ
豚骨ラーメン
통고츠라멘

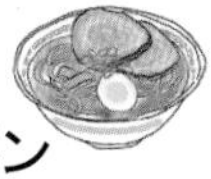

돈부리
どんぶり
丼
돈부리

야키소바
や
焼きそば
야키소바

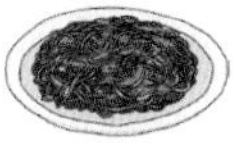

규동
ぎゅうどん
牛丼
규–동

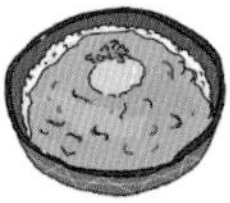

낫또
なっとう
納豆
낫토–

미소된장
み そ しる
味噌汁
미소시루

스이모노
す　もの
吸い物
스이모노

스키야키
や
すき焼き
스키야키

우메보시
うめ ぼ
梅干し
우메보시

오니기리

おにぎり

오니기리

나가사키짬뽕

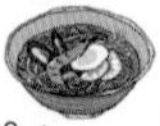

ながさき

長崎ちゃんぽん

나가사키찬퐁

카레

カレー

카레–

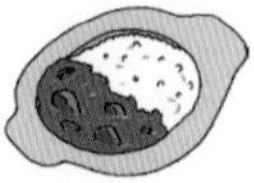

튀김

てんぷら

天麩羅

텐푸라

가쓰동

どん

カツ丼

카츠동

가이세키(일본의 코스요리)

かいせき

懐石

카이세키

오세치(정월에 먹는 음식)

せち

お節

세치

아지타마고

あじつ　たまご

味付け卵

아지쯔케타마고

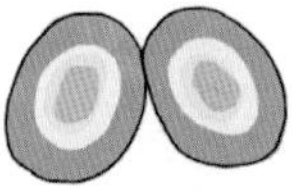

돈까스

とん

豚カツ

톤카츠

아게모노

あ　もの

揚げ物

아게모노

기타

햄버거

ハンバーガー

항바–가–

피자

ピザ

피자

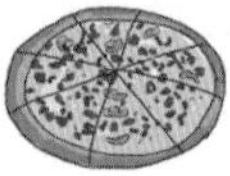

샌드위치

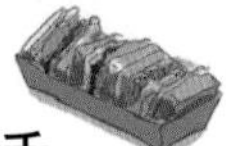

サンドイッチ

산도위치

스테이크

ステーキ

스테–키

와플

ワッフル

왓프루

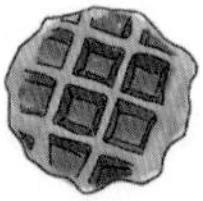

한국식당요리

라면  ラーメン 라-멘	냉면 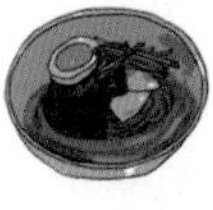 冷麺(れいめん) 레-멘	삼계탕  サムゲタン 사무게탕
된장찌개  テンジャンチゲ 텐쟝치게	청국장찌개  チョングクチャンチゲ 촌구쿠챤치게	순두부찌개  スンドゥブチゲ 순두부치게
부대찌개 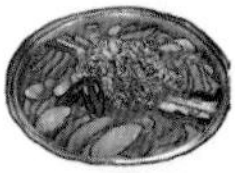 プデチゲ 푸데치게	갈비탕  カルビタン 카루비탕	감자탕 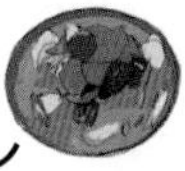 カムジャタン 카무쟈탕
설렁탕  ソルロンタン 소루론탕	비빔밥 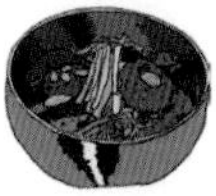 ビビンバ 비빈바	돌솥비빔밥  石焼(いしや)きビビンバ 이시야키비빈바
떡볶이  トッポッキ 톳폿키	순대  スンデ 슨데	꼬치오뎅  串刺(くしざ)しおでん 쿠시자시오뎅
찐빵  チンパン / 蒸(む)しパン 친팡 / 무시팡	팥빙수  パッピンス 팟핑스	떡  餅(もち) 모치
해물파전 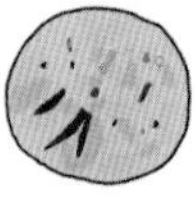 海鮮(かいせん)チジミ 카이센치지미	김밥  キンパプ 킨파푸	간장게장  カンジャンケジャン 칸잔케장
김치  キムチ 키무치	삼겹살  サムギョプサル 사무교푸사루	족발  ジョクパル 조쿠파루

요리 재료

육류 にくるい 肉類 니쿠루이 	조류 ちょうるい 鳥類 쵸–루이 	파충류 ちゅうるい は虫類 츄–루이 
해조류 かいそうるい 海藻類 카이소–루이 	생선 さかな 魚 사카나 	소 うし 牛 우시 
닭 とり 鶏 토리 	새우 えび 蝦 에비 	조기 イシモチ 이시모치 
돼지 ぶた 豚 부타 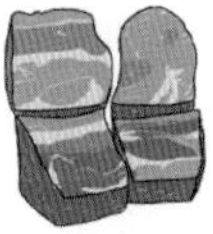	오리 かも 鴨 카모 	오징어 いか 烏賊 이카 
갈치 たちうお 太刀魚 가치우오 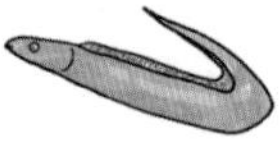	양 ひつじ 羊 히쯔지 	거위 ガチョウ 가쵸– 
게 かに 蟹 카니 	잉어 こい 鯉 코이 	염소 やぎ 山羊 야기 
문어 たこ 蛸 타코 	붕어 ふな 鮒 후나 	달걀 たまご 卵 타마고 
가재 ざりがに 蜊蛄 자리가니 	장어 うなぎ 우나기 	뱀 へび 蛇 헤비 

조개
かい
貝
카이

개구리
かえる
蛙
카에루

굴
カキ
카키
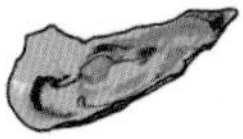

미나리
せり
세리

옥수수
とうもろこし
토-모로코시
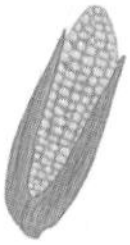

두부
とうふ
豆腐
토-후

가지
なす
茄子
나스

콩나물
まめ
豆もやし
마메모야시
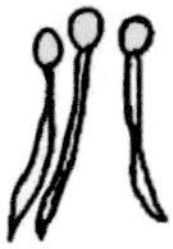

송이버섯
まつたけ
松茸
마쯔타케
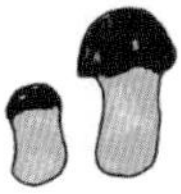

죽순
たけのこ
竹の子
타케노코

오이
きゅうり
胡瓜
큐-리
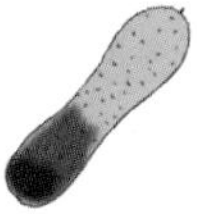

토마토
トマト
토마토

참고단어(요리방식)

데치다
ゆ
茹でる
유데루

굽다
や
焼く
야쿠

튀기다
あ
揚げる
아게루

찌다
む
蒸す
무스
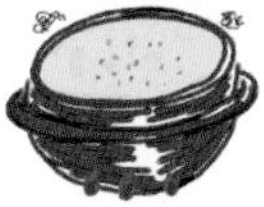

무치다
あ
和える
아에루

볶다
いた
炒める
이타메루

훈제
くんせい
薫製
쿤세-

끓이다
わ
沸かす
와카스

삶다
ゆ
茹でる
유데루

섞다
ま
交ぜる
마제루

휘젓다
ま
かき混ぜる
카키마제루

밀다
の
伸ばす
노바스
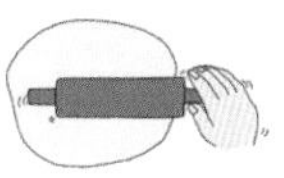

얇게 썰다
うす　き
薄めに切る
우스메니키루

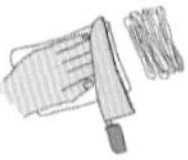

손질하다
したごしら
下拵え
시타고시라에

반죽하다
こ
捏ねる
코네루

식기, 양념, 후식

그릇
うつわ
器
우쯔와

컵
コップ
콧푸

포크
フォーク
표-크

숟가락
スプーン
스픈

접시
さら
皿
사라

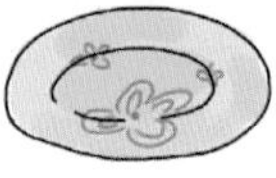

젓가락
はし
하시

나이프
ナイフ
나이후

냅킨
ナプキン
나푸킹

국자
おたま
오타마

따뜻한 물
あたた　　みず
温かい水
아타타카이미즈

시원한 물
つめ　　みず
冷たい水
쯔메타이미즈

소금
しお
塩
시오

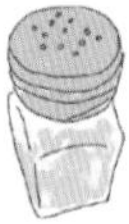

후추
こ しょう
胡椒
코쇼-

간장
しょう ゆ
醤油
쇼-유

설탕
さ とう
砂糖
사토우

아이스크림
アイスクリーム
아이스쿠리-무

커피
コーヒー
고-히-

과일
くだもの
果物
쿠다모노

디저트
デザート
데자-토

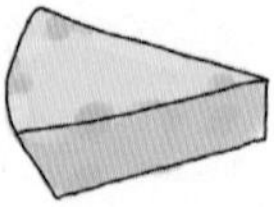

와인
ワイン
와인

주류

이모쇼츄
芋焼酎(いもしょうちゅう)
이모쇼–츄–

무기쇼츄
麦焼酎(むぎしょうちゅう)
무기쇼–츄–

호로요이
ほろよい
호로요이

마루
まる
마루

아사히 맥주
朝日(あさひ)ビール
아사히비–루

쥰마이다이긴죠
純米大吟醸(じゅんまいだいぎんじょう)
쥰마이다이긴죠–

쥰마이
純米(じゅんまい)
쥰마이

죠센
上撰(じょうせん)
죠–센

다루사케
樽酒(だるさけ)
다루사케

간바레오도짱
がんばれお父(と)ちゃん
간바레오토챵

히카리마사무네
光正宗(ひかりまさむね)
히카리마사무네

교노이즈미
京(きょう)の泉(いずみ)
쿄–노이즈미

나마죠조슈
生貯蔵(なまちょぞう)
나마쵸조–

쿠보타만쥬
久保田萬寿(くぼたまんじゅ)
쿠보타만쥬

유자술
柚子酒(ゆずしゅ)
유즈슈

위스키
ウィスキー
위스키–

보드카
ウォッカ
웟카

레드와인
赤(あか)ワイン
아카와인

화이트와인
白(しろ)ワイン
시로와인

막걸리
マッコリ
맛코리

동동주
トンドンジュ
톤돈쥬

백하주
ベッカジュ
벳카쥬

과실주
果実酒(かじつしゅ)
칸지츠슈

복분자술
ポクプンジャ
포쿠분쟈

매실주 うめしゅ **梅酒** 우메슈 	청주 せいしゅ **清酒** 세이슈 	칵테일 **カクテル** 카쿠테루 

관광 안내

추천 관광 장소
おすすめ観光(かんこう)スポット
오스스메캉코–스폿토

관광 코스
観光(かんこう)コース
캉코–코–스

주변 맛집
周辺(しゅうへん)のおいしい店(みせ)
슈–헹노오이시이미세

주변 관광지
周辺(しゅうへん)の観光地(かんこうち)
슈–헹노캉코–치

주변 번화가
周辺(しゅうへん)の繁華街(はんかがい)
슈–헹노항카가이

숙박 관련

교통이 편리한
交通(こうつう)が便利(べんり)な
코–쯔–가 벵리나

시설이 좋은
設備(せつび)がいい
세쯔비가 이이

전망이 좋은
見晴(みは)らしの良(よ)い
미하라시노요이

저렴한
手頃(てごろ)な
테고로나

조용한
静(しず)かな
시즈카나

시내에 있는
市内(しない)にある
시나이니 아루

호텔
ホテル
호테루

캠핑장
キャンプ場(じょう)
캼푸죠–

게스트 하우스
ゲストハウス
게스토하우스

민박
民宿(みんしゅく)
민슈쿠

료칸(일본식 전통 고급 호텔)
旅館(りょかん)
료캉

펜션
ペンション
펭숑

캡슐호텔
カプセルホテル
카푸세루호테루

인터넷카페
インターネットカフェ
인타–넷토카훼

국민숙사(지자체나 마을에서 운영하는 게스트하우스)
国民宿舎(こくみんしゅくしゃ)
코쿠밍슈쿠샤

호텔룸의 종류

싱글룸

シングルルーム
싱구루루–무

더블룸

ダブルルーム
다부루루–무

트윈룸
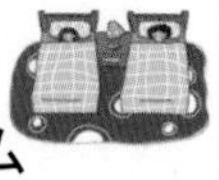
ツインルーム
츠잉루–무

스위트룸

スイートルーム
스이–토루–무

다인실(삼인실 / 사인실)
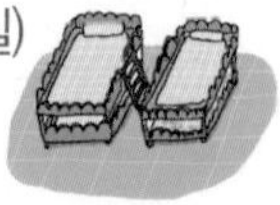
ドーミトリー
도–미토리–

핵심 단어

여권	입실	퇴실	연락처
パスポート	にゅうしつ **入室**	たいしつ **退室**	れんらくさき **連絡先**
파스포–토	뉴–시쯔	타이시쯔	렝라쿠사키

룸서비스 - 음료 및 식사

물

みず
水
미즈

커피

コーヒー
고–히–

샴페인

シャンパン
샹팡

와인

ワイン
와인

얼음

こおり
氷
코오리

식사

しょくじ
食事
쇼쿠지

룸서비스 - 기타

모닝콜

モーニングコール

모-닝구코-루

세탁 / 다림질 / 드라이크리닝

せんたく

洗濯 / アイロン / ドライクリーニング

센터쿠 / 아이론 / 도라이쿠리-닌구

방 청소

へや　そうじ

部屋の掃除

헤야노소우지

식당예약

しょくどう　よやく

食堂の 予約

쇼쿠도우노 요야쿠

마사지

マッサージ

맛사-지

콜택시(하이어)

ハイヤー

하이야-

객실

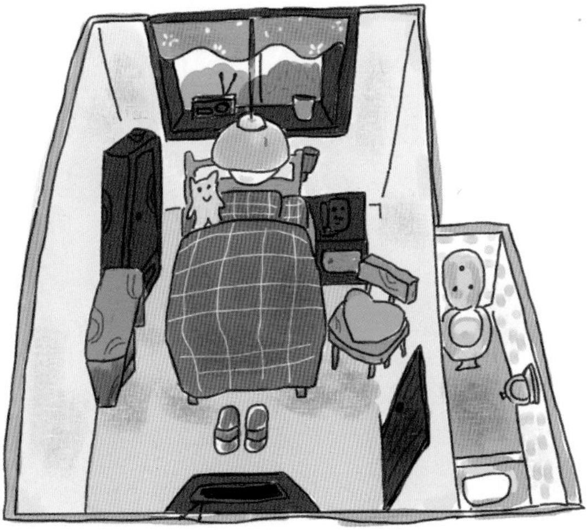

방

へや

部屋

헤야

전화

でんわ

電話

뎅와

텔레비전

テレビ

테레비

리모컨 **リモコン** 리모콩 	비디오 **ビデオ** 비데오 	냉장고 れいぞうこ **冷蔵庫** 레이조-코 
에어컨 **エアコン** 에아콘 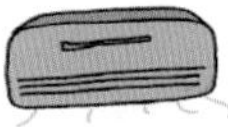	난방기 **ヒーター** 히-티- 	전등 でんき **電気** 뎅키 
침대 **ベッド** 벳토 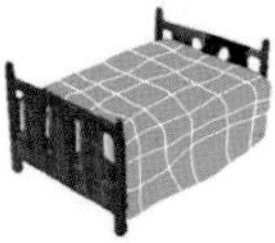	베개 **まくら** 마쿠라 	담요 もうふ **毛布** 모-후 
시트 **シーツ** 시-츠 	소파 **ソファー** 소화- 	테이블 **テーブル** 테-부루 
커튼 **カーテン** 카-텐 	티슈 **ティッシュ** 팃슈 	헤어드라이기 **ドライヤー** 도라이야- 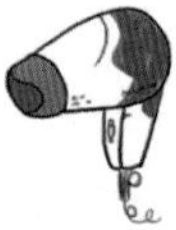
환풍기 かんきせん **換気扇** 캉키셍 	미니바 **ミニバー** 미니바- 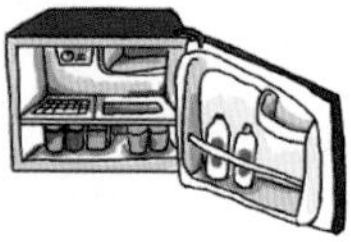	

욕실

변기
べんき
便器
벤키

수도꼭지
じゃぐち
蛇口
자구치

창문
まど
窓
마도

샤워기
き
シャワー機
샤와-키

휴지
トイレットペーパー
토이렛토페-파-

샴푸
シャンプー
샨푸

비누
せっけん
石鹸
셋켕

샤워젤
シャワージェル
샤와-제루

칫솔
は
歯ブラシ
하부라시

치약
は みが こ
歯磨き粉
하미가키코

욕조
よくそう
浴槽
요쿠소-

세면대
せんめんだい
洗面台
센멘다이
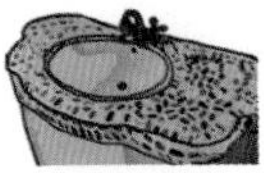

거울
かがみ
鏡
카가미
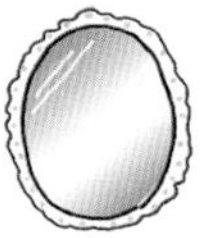

수건
タオル
타오루

부대시설

헬스클럽 フィットネスクラブ 힛토네스쿠라푸	비즈니스 센터 ビジネスセンター 비지네스셍타–
상점 みせ 店 미세	사우나 サウナ 사우나
수영장 プール 프–루	식당 しょくどう 食堂 쇼쿠도우
마사지샵 マッサージショップ 맛사–지숏푸	우체국 ゆうびんきょく 郵便局 유–빈쿄쿠
은행 ぎんこう 銀行 긴코우	커피숍 コーヒーショップ 코–히–숏푸
추가요금 ついかりょうきん 追加料金 쯔이카료–킹	요금 りょうきん 料金 료–킹

우편종류

국내우편 こくないゆうびん **国内郵便** 고쿠나이유–빙	국제우편 こくさいゆうびん **国際郵便** 코쿠사이유–빙
그림엽서 え はがき **絵葉書** 에하가키	등기우편 かきとめゆうびん **書留郵便** 카키토메유–빙
편지 て がみ **手紙** 테가미	소포 こづつみ **小包** 코즈쯔미

핵심 단어

수신인 うけとりにん **受取人** 우케토리닝	발신인 さしだしにん **差出人** 사시다시닝	주소 じゅうしょ **住所** 쥬–쇼
연락처 れんらくさき **連絡先** 렝라쿠사키	우편번호 ゆうびんばんごう **郵便番号** 유–빙방코–	착불 だいきんひきかえ **代金引換** 다이킹히키카에
수신인 불명 あてさき ふ めい **宛先不明** 아테사키후메이		

이메일 확인방법 かくにんほうほう **イーメール確認方法** 이–메–루카쿠닝호–호–	컴퓨터 사용법 つか かた **パソコンの使い方** 파소콩노 쯔카이카타

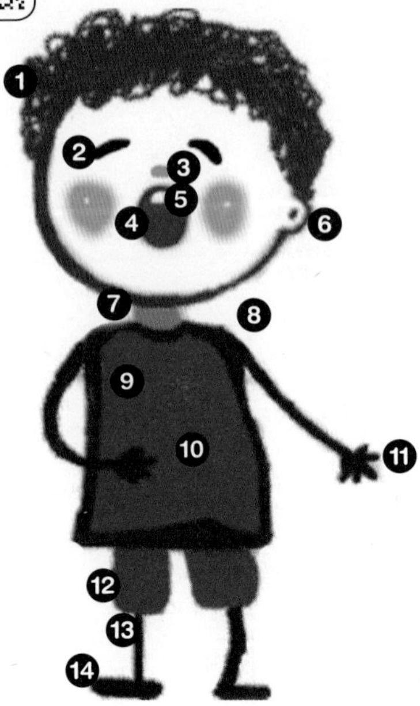

① 머리 あたま 頭 아타마	② 눈 め 目 메	③ 코 はな 鼻 하나
④ 입 くち 口 쿠치	⑤ 이 は 歯 하	⑥ 귀 みみ 耳 미미
⑦ 목 くび 首 쿠비	⑧ 어깨 かた 肩 카타	⑨ 가슴 むね 胸 무네
⑩ 배 はら 腹 하라	⑪ 손 て 手 테	⑫ 다리 あし 脚 아시
⑬ 무릎 ひざ 膝 히자	⑭ 발 あし 足 아시	

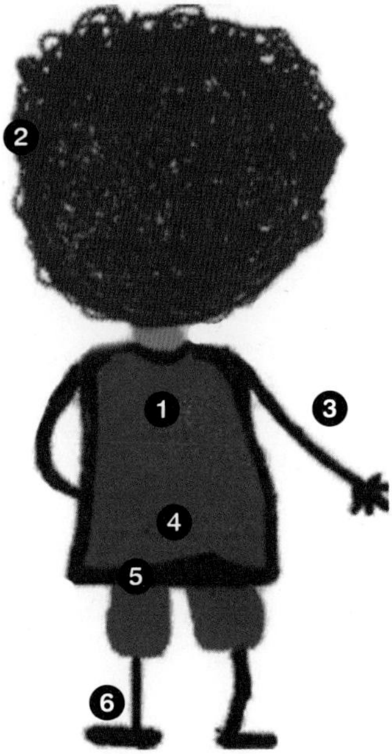

① 등 せ なか 背中 세나카	② 머리카락 かみ　け 髪の毛 카미노케
③ 팔 うで 腕 우데	④ 허리 こし 腰 코시
⑤ 엉덩이 しり お尻 시리	⑥ 발목 あしくび 足首 아시쿠비

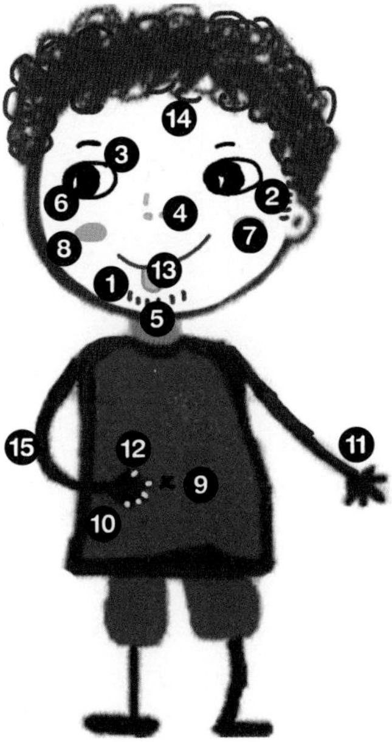

① 턱수염 あごひげ 顎鬚 아고히게	② 구레나룻 ほおひげ 頬鬚 호오히게	③ 눈꺼풀 ま ぶた 目蓋 마부타
④ 콧구멍 はな　あな 鼻の穴 하나노아나	⑤ 턱 あご 顎 아고	⑥ 눈동자 ひとみ 瞳 히토미
⑦ 목구멍 のど 喉 노도	⑧ 볼 / 뺨 ほお 頬 호오	⑨ 배꼽 へそ 臍 헤소

⑩ 손톱 つめ 爪 츠메	⑪ 손목 てくび 手首 데쿠비	⑫ 손바닥 て 手のひら 테노히라
⑬ 혀 した 舌 시타	⑭ 피부 はだ 肌 하다	⑮ 팔꿈치 ひじ 肘 히지

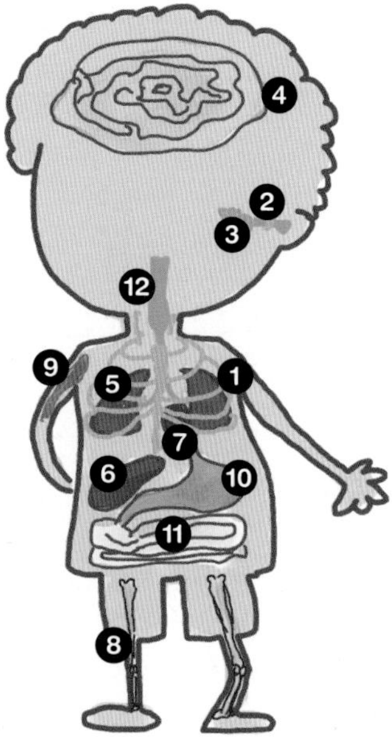

① 갈비뼈 ろっこつ 肋骨 록코츠	② 고막 こまく 鼓膜 코마쿠	③ 달팽이관 かぎゅうかん 蝸牛管 카큐–캉
④ 뇌 のう 脳 노우	⑤ 폐 はい 肺 하이	⑥ 간 かんぞう 肝臓 칸조–
⑦ 심장 しんぞう 心臓 신조우	⑧ 다리뼈 だいたいこつ 大腿骨 다이타이코츠	⑨ 근육 きんにく 筋肉 킨니쿠
⑩ 위 い 胃 이	⑪ 대장 だいちょう 大腸 다이쵸우	⑫ 식도 しょくどう 食道 쇼쿠도우

병명

천식 ぜんそく 喘息 젠소쿠 	고혈압 こうけつあつ 高血圧 고–케츠아츠 	소화불량 しょうか ふ りょう 消化不良 쇼–카후료– 
생리통 せい り つう 生理痛 세이리츠– 	당뇨병 とうにょうびょう 糖尿病 도–뇨–뵤– 	알레르기 アレルギー 아레루기– 

심장병
しんぞうびょう
心臓病
신죠–뵤–

맹장염
もうちょうえん
盲腸炎
모–쵸–엔

위염
いえん
胃炎
이엔

감기
かぜ
風邪
카제

배탈
ふくつう
腹痛
후쿠쯔–

설사병
げり
下痢
게리

장티푸스
ちょう
腸チフス
쵸–치후스

결핵
けっかく
結核
켁카쿠

고산병
こうざんびょう
高山病
코–잔뵤–

광견병
きょうけんびょう
狂犬病
쿄–켄뵤–

뎅기열
ねつ
デング熱
덴구네츠

저체온증
ていたいおんしょう
低体温症
테이타이온쇼–

폐렴
はいえん
肺炎
하이엔

식중독
しょくちゅうどく
食中毒
쇼쿠츄–도우

기관지염
きかんしえん
気管支炎
키칸시엔

열사병
ねっしゃびょう
熱射病
렛샤뵤–

치통
はいた
歯痛
하이타

간염
かんえん
肝炎
칸엔

약명

아스피린
アスピリン
아스피린

소화제
しょうかざい
消化剤
쇼–카자이

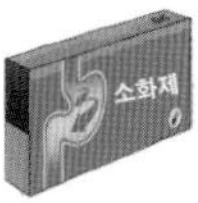

위장약
いちょうやく
胃腸薬
이쵸–야쿠

반창고
ばんそうこう
絆創膏
반소–코–

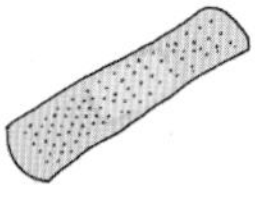

수면제
すいみんやく
睡眠薬
스이밍야쿠

진통제
ちんつうざい
鎮痛剤
친츠–자이

해열제
げねつざい
解熱剤
게네츠자이

멀미약
よ ど
酔い止め
요이도메

기침약
せき ど
咳止め
세키도메

지혈제
しけつざい
止血剤
시케츠사이

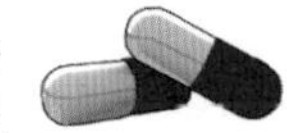

탈수방지약
だっすいぼうしやく
脱水防止薬
닷스이보-시야쿠

소염제
しょうえんざい
消炎剤
쇼-엔자이

소독약
しょうどくやく
消毒薬
쇼-도쿠야쿠

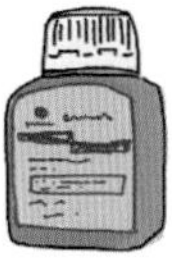

변비약
べんぴやく
便秘薬
벤피야쿠

안약
めぐすり
目薬
메구스리

붕대
ほうたい
包帯
호-타이

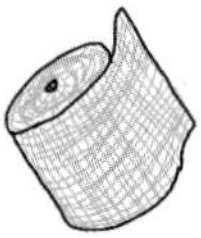

설사약
げりど
下痢止め
게리도메

감기약
かぜぐすり
風邪薬
카제구스리

소지품

지갑
さいふ
財布
사이후

여권
パスポート
파스포-토

신용카드
クレジットカード
쿠레짓토카-도

가방
かばん
카방

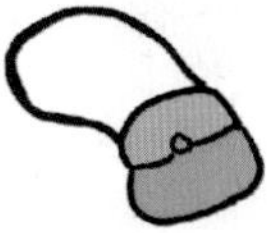

돈
かね
金
가네

보석
ほうせき
宝石
호-세키

수표
こぎって
小切手
코깃테

신분증
みぶんしょう
身分証
미분쇼-

귀중품
きちょうひん
貴重品
키쵸-힝

만남의 인사

안녕하세요.

お元気(げんき)ですか。

오겡키데스카

안녕하세요.(아침 인사)

おはようございます。

오하요–고자이마스

안녕하세요.(점심 인사)

こんにちは。

콘니치와

안녕하세요.(오후 인사)

こんばんは。

콘방와

안녕히 주무세요.

おやすみなさい。

오야스미나사이

처음 뵙겠습니다.

はじめまして。

하지메마시테

잘 부탁드립니다.

どうぞ よろしく お願(ねが)いします。

도–죠 요로시쿠 오네가이시마스

만나서 반가워요

お会(あ)いできて うれしいです。

오아이데키테 우레시이데스

오랜만이에요.

お久(ひさ)しぶりです。

오히사시부리데스

잘 지내셨어요

お元気(げんき)で いらっしゃいましたか。

오겐키데 이랏샤이마시타카

우연한 만남

어쩐 일로 여기 오셨어요?

どの ような ご用件(ようけん)でしょうか?

도노 요–나 고요–켄데 쇼–카

어머, (사토우) 씨죠!

あら、佐藤(さとう)さん!

아라, 사토–상

안부 인사

어떻게 지내셨어요?
お元気(げんき)でしたか?
오겡키데시타카

다들 건강하시죠?
皆(みな)さん元気(げんき)でしょう?
미나상겡키데쇼–

헤어질 때 인사

안녕히 가세요.
さようなら。
사요–나라

종종 연락해요.
時々連絡(ときどきれんらく)しましょう。
토키도키 렝라쿠시마쇼–

또 만나요.
また会(あ)いましょう。
마타아이마쇼–

만나서 반가웠어요.
お会(あ)いできて嬉(うれ)しかったです。
오아이데키테우레시캇타데스

생일
誕生日(たんじょうび)
탄죠–비

결혼
結婚(けっこん)
켁콘

합격
合格(ごうかく)
고–카쿠

승진
昇進(しょうしん)
쇼–신

졸업
卒業(そつぎょう)
소츠교–

개업
開業(かいぎょう)
카이교–

멋져요!
素敵(すてき)です。
스테키데스

훌륭해요!
立派(りっぱ)です。
릿파데스

굉장해요!
素晴(すば)らしいです。
스바라시이데스

대단해요!
凄(すご)いです。
스고이데스

귀여워요!
可愛(かわい)いです。
가와이–데스

예뻐요!
きれいです。
키레이데스

아름다워요!

美(うつく)しいです。

우츠쿠시이데스

최고예요!

最高(さいこう)です。

사이코-데스

참 잘했어요!

とても 上手(じょうず)です。

토테모 죠-즈데스

새해 복 많이 받으세요.

明(あ)けましておめでとうございます。

아케마시테 오메데토-고자이마스

즐거운 크리스마스 되세요.

メリークリスマス。

메리-쿠리스마스

행운을 빌어요.

幸運(こううん)を祈(いの)ります。

코-웅오 이노리마스

띠

쥐

鼠(ねずみ)

네즈미

子(ね)

네

소

牛(うし)

우시

丑(うし)

우시

호랑이

虎(とら)

토라

寅(とら)

토라

토끼

兔(うさぎ)

우사키

卯(う)

우

용

竜(たつ)

타쯔

辰(たつ)

타쯔

뱀

蛇(へび)

헤비

巳(み)

미

말

馬(うま)

우마

午(うま)

우마

양

羊(ひつじ)

히쯔지

未(ひつじ)

히쯔지

원숭이

猿(さる)

사루

申(さる)

사루

닭
とり
鶏
토리
とり
酉
토리

개
いぬ
犬
이누
いぬ
戌
이누

돼지
いのしし
猪
이노시시
い
亥
이

직업

간호사
かんごし
看護師
캉고시

약사
やくざいし
薬剤師
야쿠자이시

의사
いしゃ
医者
이샤

가이드
ガイド
가이도

선생님 / 교사
せんせい　きょうし
先生 / 教師
센세이 / 쿄–시

교수
きょうじゅ
教授
쿄–쥬

가수
かしゅ
歌手
카슈

음악가
おんがくか
音楽家
온가쿠카

화가
がか
画家
가카

소방관
しょうぼうかん
消防官
쇼우보우칸

경찰관
けいさつかん
警察官
케–사츠칸

공무원
こうむいん
公務員
코–무인

요리사
りょうりにん
料理人コック
료–리닝콧쿠

디자이너
デザイナー
데자이나–

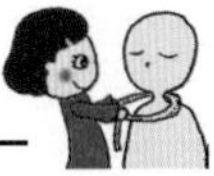

승무원
きゃくしつじょうむいん
客室乗務員
캬쿠시쯔죠–무잉

판사
はんじ
判事
한지

검사
けんじ
検事
켄지

변호사
べんごし
弁護士
벤고시

사업가
じぎょうか
事業家
지교우카

회사원
かいしゃいん
会社員
카이샤잉

학생
がくせい
学生
각세-

운전기사
うんてんしゅ
運転手
운텡슈

농부
のうふ
農夫 – 남자농부
노-후
のうふ
農婦 – 여자농부
노-후

가정주부
せんぎょうしゅふ
専業主婦
센교-슈후

작가
さっか
作家
삿카

정치가
せいじか
政治家
세이지카

세일즈맨
セールスマン
세-류스망

미용사
びようし
美容師
비요-시

군인
ぐんじん
軍人
궁징

은행원
ぎんこういん
銀行員
긴코-인

엔지니어
エンジニア
엔지니아

통역원
つうやくいん
通役員
츠-야쿠인

비서
ひしょ
秘書
히쇼

회계사
かいけいし
会計士
카이케이시

이발사
りはつし
理髪師
리하쯔시

배관공
はいかんこう
配管工
하이캉코-

수의사
じゅういし
獣医師
쥬-이시

건축가
けんちくか
建築家
켄치쿠카

편집자
へんしゅうしゃ
編集者
헹슈-샤

성직자
せいしょくしゃ
聖職者
세이쇼쿠샤

심리상담사
しん り
心理カウンセラー
싱리카웅세라–

형사
けい じ
刑事
케이지

방송국PD
ほうそうきょく
放送局プロデューサー
호–소–쿄쿠
프로듀–사–

카메라맨
カメラマン
카메라망

예술가
アーティスト
아–티스토

영화감독
えい が かんとく
映画監督
에이가캉토쿠

영화배우
えい が はいゆう
映画俳優
에이가하이유–

운동선수
うんどうせんしゅ
運動選手
웅도–셍슈

목수
だい く
大工
다이쿠

프리랜서
フリーランサー
후리–란사

별자리

양자리
お ひつじ ざ
牡羊座
오히츠지자

황소자리
お うし ざ
牡牛座
오–시자

쌍둥이자리
ふ たご ざ
双子座
후타고자

게자리
かに ざ
蟹座
카니자

사자자리
し し ざ
獅子座
시시자

처녀자리
お とめ ざ
乙女座
오토메자

천칭자리
てんびん ざ
天秤座
텡빙자

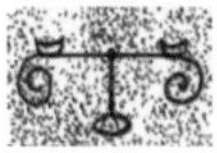

전갈자리
さそり ざ
蠍座
사소리자

사수자리
い て ざ
射手座
이테자

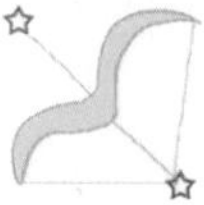

염소자리 やぎざ **山羊座** 야기자 	물병자리 みずがめざ **水瓶座** 미즈가메자 	물고기자리 うおざ **魚座** 우오자 

혈액형

A형 がた **A型** 에이가타 	B형 がた **B型** 비가타 
O형 がた **O型** 오가타 	AB형 がた **AB型** 에이비가타 

동물

사슴 しか **鹿** 시카 	고양이 ねこ **猫** 네코 	팬더, 판다 **パンダ** 판다 
사자 しし **獅子** 시시 	호랑이 とら **虎** 토라 	기린 きりん **麒麟** 키린 
곰 くま **熊** 쿠마 	다람쥐 りす **栗鼠** 리스 	낙타 らくだ **駱駝** 라쿠다 
염소 やぎ **山羊** 야기 	표범 ひょう **豹** 효- 	여우 きつね **狐** 키츠네 

늑대
おおかみ
狼
오오카미

고래
くじら
鯨
쿠지라

코알라
コアラ
코아라

양
ひつじ
羊
히츠지

코끼리
ぞう
象
조우

돼지
ぶた
豚
부타

말
うま
馬
우마

원숭이
さる
猿
사루

하마
かば
河馬
카바

얼룩말
しまうま
縞馬
시마우마

북극곰
ほっきょくぐま
北極熊
홋쿄쿠구마

바다표범
あざらし
海豹
아자라시

두더지
もぐら
土竜
모구라

개
いぬ
犬
이누

코뿔소
さい
犀
사이

쥐
ねずみ
鼠
네즈미

소
うし
牛
우시

토끼
うさぎ
兎
우사기

레드판다
レッドパンダ
렛토판다

캥거루
カンガルー
칸가루

박쥐
こうもり
蝙蝠
코-모리

모기
か
蚊
카

파리
はえ
蠅
하에

벌
はち
蜂
하치

잠자리
とんぼ
蜻蛉
돈보

거미
くも
蜘蛛
쿠모

매미
せみ
蟬
세미

바퀴벌레
ゴキブリ
고키부리

귀뚜라미
こおろぎ
蟋蟀
코오로기

풍뎅이
こがねむし
黄金虫
코가네무시

무당벌레
てんとうむし
天道虫
텐토우무시

반딧불이
ほたる
蛍
호타루

메뚜기
バッタ
밧타

개미
あり
蟻
아리

사마귀
カマキリ
카마키리

나비
ちょう
蝶
쵸ー

전갈
さそり
蠍
사소리

소금쟁이
あめんぼ
水馬
아멩보

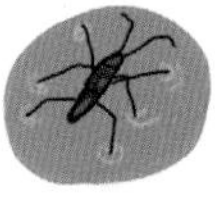

독수리
はげわし
禿鷲
하게와시

부엉이
みみずく
木菟
미미즈쿠

매
はやぶさ
隼
하야부사

까치
かささぎ
鵲
카사사기

까마귀
からす
烏
카라스

참새
すずめ
雀
스즈메

학
つる
鶴
츠루

오리
かも
鴨
카모

펭귄
ペンギン
펭깅

제비
つばめ
燕
츠바메

닭
とり
鶏
토리

공작
くじゃく
孔雀
쿠쟈쿠

앵무새
おうむ
鸚鵡
오–무

기러기
かり
雁
가리
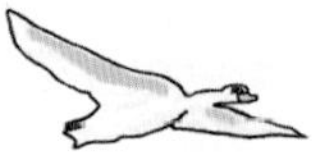

거위
ガチョウ
가쵸–

비둘기
はと
鳩
하토

딱따구리
きつつき
啄木鳥
키츠츠키

보아뱀
ボア
보아

도마뱀
とかげ
蜥蜴
토카게

이구아나
イグアナ
이구아나

코브라
コブラ
코부라

두꺼비
ヒキガエル
히키가에루

올챙이
オタマジャクシ
오타마쟈쿠시

도롱뇽
さんしょううお
山椒魚
산쇼–우오

개구리
かえる
蛙
카에루

악어
わに
鰐
와니

거북이
かめ
亀
카메

뱀
へび
蛇
헤비
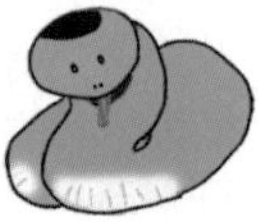

지렁이
みみず
蚯蚓
미미즈

카멜레온
カメレオン
카메레온

취미

영화감상
えいがかんしょう
映画鑑賞
에이가캉쇼–

음악감상
おんがくかんしょう
音楽鑑賞
온가쿠캉쇼–

여행
りょこう
旅行
료코–

독서
どくしょ
読書
도쿠쇼

춤추기
おど
踊り
오도리

노래부르기
うた　うた
歌を歌うこと
우타오 우타우코토

운동
うんどう
運動
웅도–

등산
やまのぼ
山登り
야마노보리

스쿠버다이빙
スキューバダイビング
스큐–바다이빈구

악기 연주
がっ き えんそう
楽器演奏
갓키엔소–

요리
りょう り
料理
료–리

사진 찍기
しゃしんさつえい
写真撮影
샤싱사쯔에이

정원 가꾸기
ガーデニング
가–데닝구

우표 수집
きっ て しゅうしゅう
切手収集
킷테슈–슈–

낚시
さかなつ
魚釣り
사카나쯔리

십자수
クロスステッチ
쿠로스스텟치

TV보기
み
テレビを見ること
테레비오 미루코토

드라이브
ドライブ
도라이부

골프
ゴルフ
고루후

빈둥거리기
ごろごろする
고로고로스루

성격

명랑해요
あか
明るいです
아카루이데스

상냥해요
やさ
優しいです
야사시이데스

친절해요
しんせつ
親切です
신세츠데스

당당해요
どうどう
堂々としています
도–도–도시테이마스

아무져요

しっかりしています

싯카리시테이마스

고상해요

じょうひん
上品です

죠–힝데스

통이 커요

き まえ
気前がいいです

키마에가이이데스

눈치가 빨라요

き き
気が利きます

키가키키마스

솔직해요

しょうじき
正直です

쇼–지키데스

적극적이에요

せっきょくてき
積極的です

섹쿄쿠데키데스

사교적이에요

しゃこうてき
社交的です

샤코우데키데스

꼼꼼해요

こま
細かいです

고마카이데스

덜렁거려요

そそっかしいです

소솟카시이데스

겁이 많아요

こわ
怖がりです

고와가리데스

보수적이에요

ほ しゅてき
保守的です

호슈테키데스

개방적이에요

かいほうてき
開放的です

카이호우테키데스

뻔뻔해요

あつ
厚かましいです

아쯔카마시이데스

심술궂어요

い じ わる
意地悪です

이지와루데스

긍정적이에요

こうていてき
肯定的です

고우테이테키데스

부정적이에요

ひ ていてき
否定的です

히테이테키데스

다혈질이에요
短気(たんき)です
탕키데스

냉정해요
冷(つめ)たいです
쯔메타이데스

허풍쟁이예요
ほら吹(ふ)きです
호라후키데스

소심해요
気(き)が小(ちい)さいです
키가츠이사이데스

소극적이에요
消極的(しょうきょくてき)です
쇼–쿄쿠테키데스

자애로워요
慈(いつく)しみ深(ぶか)いです
이쯔쿠시미부카이데스

겸손해요
謙遜(けんそん)します
켄송시마스

부지런해요
真面目(まじめ)です
마지메데스

동정심이 많아요
情(なさ)け深(ぶか)いです
나사케부카이데스

인정이 많아요
情(じょう)が厚(あつ)いです
죠–가 아쯔이데스

버릇없어요
礼儀知(れいぎし)らずです
레–기시라즈데스

이기적이에요
わがままです
와가마마데스

거만해요
傲慢(ごうまん)です
고–망데스

유치해요
幼(おさな)いです
오사나이데스

내성적이에요
内向的(ないこうてき)です
나이코–테키데스

외향적이에요
外向的(かいこうてき)です
카이코–테키데스

가족

친할아버지

자기 가족을 남에게 말할 때

祖父(そふ)

소후

남의 가족을 부를 때

おじいさん

오지-상

외할아버지

자기 가족을 남에게 말할 때

外祖父(がいそふ)

가이소후

남의 가족을 부를 때

おじいさん

오지-상

친할머니

자기 가족을 남에게 말할 때

祖母(そぼ)

소보

남의 가족을 부를 때

おばあさん

오바-상

외할머니

자기 가족을 남에게 말할 때

外祖母(がいそぼ)

가이소보

남의 가족을 부를 때

おばあさん

오바-상

아빠

자기 가족을 남에게 말할 때

父(ちち)

치치

남의 가족을 부를 때

お父さん(とう)

오토-상

엄마

자기 가족을 남에게 말할 때

母(はは)

하하

남의 가족을 부를 때

お母さん(かあ)

오카-상

형, 오빠

자기 가족을 남에게 말할 때

兄(あに)

아니

남의 가족을 부를 때

お兄さん(にい)

오니-상

누나, 언니

자기 가족을 남에게 말할 때

姉(あね)

아네

남의 가족을 부를 때

お姉さん(ねえ)

오네-상

나

わたし
私
와타시

여동생

자기 가족을 남에게 말할 때

いもうと
妹
이모–토

남의 가족을 부를 때

いもうと
妹さん
이모–토상

남동생

자기 가족을 남에게 말할 때

おとうと
弟
오토–토

남의 가족을 부를 때

おとうと
弟さん
오토–토상

남편

자기 가족을 남에게 말할 때

おっと　しゅじん　だんな
夫 / 主人 / 旦那
옷토 / 슈징 / 당나

남의 가족을 부를 때

しゅじん
ご主人
고슈징

부인

つま
妻
쯔마

아들

むすこ
息子
무스코

딸

むすめ
娘
무스메

며느리

よめ
嫁
요메

사위

むこ
婿
무코

손자

まご
孫
마고

손녀

まごむすめ
孫娘
마고무스메

감정

기분 좋아요
きぶん
気分がいいです
키붕가 이이데스

통쾌해요
スカッとします
스캇토시마스

흥분했어요
こうふん
興奮してます
코–훈시테마스

재미있어요
おもしろ
面白いです
오모시로이데스

행복해요
しあわ
幸せです
시아와세데스

즐거워요
たの
楽しいです
타노시이데스

좋아요
いいです
이이데스

기뻐요
うれしいです
우레시이데스

힘이 나요
げんき　で
元気が出ます
켕키가 데마스

뿌듯해요
むね
胸がいっぱいです
무네가 잇빠이데스

짜릿해요
キュンとします
큔토시마스

감격했어요
かんげき
感激しました
캉게키시마시타

부끄러워요
は
恥ずかしいです
하즈카시이데스

난처해요
こま
困ります
고마리마스

외로워요
さび
寂しいです
사비시이데스

재미없어요
つまらないです
쯔마라나이데스

화났어요
おこ
怒ります
오코리마스

무서워요
こわ
怖いです
고와이데스

불안해요
ふ あん
不安です
후안데스

피곤해요
つか
疲れます
츠카레마스

싫어요
いや
嫌です
이야데스

불쾌해요
ふ ゆ かい
不愉快です
후유카이데스

괴로워요
くる
苦しいです
쿠루시이데스

지루해요
たいくつ
退屈です
타이쿠쯔데스

슬퍼요
かな
悲しいです
카나시이데스

억울해요
くや
悔しいです
쿠야시이데스

비참해요
みじ
惨めです
미지메데스

짜증나요
むかつきます
무카쯔키마스

초초해요
みすぼらしいです
미스보라시-데스

무기력해요
む き りょく
無気力です
무키료쿠데스

부담스러워요
ふ たん かん
負担に感じます
후탕니 칸지마스

놀랐어요
おどろ
驚きます
오도로키마스

질투나요
しっ と
嫉妬します
싯토시마스

세수해요
かお　あら
顔を洗います
카오오 아라이마스

청소해요
そうじ
掃除します
조수지시마스

자요
ね
寝ます
네마스

일어나요
お
起きます
오키마스

빨래해요
せんたく
洗濯します
센타쿠시마스

먹어요
た
食べます
타베마스

마셔요
の
飲みます
노미마스

요리해요
りょうり
料理します
료–리시마스

설거지해요
さら　あら
皿を洗います
사라오 아라이마스

양치질해요
うがい
嗽をします
루가이오 시마스

샤워해요
シャワーします
샤와–시마스

옷을 입어요
ふく　き
服を着ます
후쿠오 키마스

옷을 벗어요
ふく　ぬ
服を脱ぎます
후쿠오 메기마스

와요
き
来ます
키마스

가요
い
行きます
이키마스

앉아요
すわ
座ります
스와리마스

서요
た
立ちます
타치마스

걸어요
ある
歩きます
아루키마스

달려요
はし
走ります
하시리마스

놀아요
あそ
遊びます
아소비마스

일해요
はたら
働きます
하타라키마스

웃어요
わら
笑います
와라이마스

울어요
な
泣きます
나키마스

나와요
で
出ます
데마스

들어가요
はい
入ります
하이리마스

물어요
たず
尋ねます
다즈네마스

대답해요
こた
答えます
코타에마스

멈춰요
と
止まります
토마리마스

움직여요
うご
動きます
우고키마스

올라가요
あ
上がります
아가리마스

내려와요
お
下ります
오리마스

박수쳐요
はくしゅ
拍手します
하쿠슈시마스

찾아요
さが
探します
사가시마스

흔들어요
ふ
振ります
후리마스

춤춰요
おど
踊ります
오도리마스

뛰어올라요
と　あ
飛び上がります
토비아가리마스

넘어져요
ころ
転びます
코로비마스

읽어요
よ
読みます
요미마스

싸워요
けんかします
켕카시마스

말다툼해요
くち
口げんかします
쿠치겡카시마스

인사해요
あいさつ
挨拶します
아이사쯔시마스

대화해요
たい わ
対話します
타이와시마스

써요
か
書きます
카키마스

던져요
な
投げます
나게마스

잡아요
つかみます
쯔카미마스

시

1시 いち じ 一時 이치지	2시 に じ 二時 니지	3시 さん じ 三時 상지
4시 よ じ 四時 요지	5시 ご じ 五時 고지	6시 ろく じ 六時 로쿠지

7시 しちじ **七時** 시치지	8시 はちじ **八時** 하치지	9시 くじ **九時** 쿠지
10시 じゅうじ **十時** 쥬-지	11시 じゅういちじ **十一時** 쥬-이치지	12시 じゅうにじ **十二時** 쥬-니지

분

1분 いっぷん **一分** 잇풍	2분 にふん **二分** 니훙	3분 さんぷん **三分** 상풍	4분 よんぷん **四分** 용풍
5분 ごふん **五分** 고훙	6분 ろっぷん **六分** 롯풍	7분 ななふん **七分** 나나훈	8분 はちふん, はっぷん **八分** 하치훙, 핫풍
9분 きゅうふん **九分** 큐-훙	10분 じゅっぷん **十分** 쥿풍	11분 じゅういっぷん **十一分** 쥬-잇풍	12분 じゅうにふん **十二分** 쥬-니훙
13분 じゅうさんぷん **十三分** 쥬-상풍	14분 じゅうよんぷん **十四分** 쥬-용풍	15분 じゅうごふん **十五分** 쥬-고훙	16분 じゅうろくふん **十六分** 쥬-로쿠훙
17분 じゅうななふん **十七分** 쥬-나나훙	18분 じゅうはちふん **十八分** 쥬-하치훙	19분 じゅうきゅうふん **十九分** 쥬-큐-훙	20분 にじゅっぷん **二十分** 니쥿풍
21분 にじゅういっぷん **二十一分** 니쥬-잇풍	22분 にじゅうにふん **二十二分** 니쥬-니훙	23분 にじゅうさんぷん **二十三分** 니쥬-상풍	24분 にじゅうよんぷん **二十四分** 니쥬-용풍

25분 にじゅうごふん 二十五分 니쥬–고훙	26분 にじゅうろっぷん 二十六分 니쥬–롯풍	27분 にじゅうななふん 二十七分 니쥬–나나훙	28분 にじゅうはちふん 二十八分 니쥬–하치훙
29분 にじゅうきゅうふん 二十九分 니쥬–큐–훙	30분 さんじゅっぷん 三十分 상쥿풍	31분 さんじゅういっぷん 三十一分 상쥬–잇풍	32분 さんじゅうにふん 三十二分 상쥬–니훙
33분 さんじゅうさんぷん 三十三分 상쥬–상풍	34분 さんじゅうよんぷん 三十四分 상쥬–용풍	35분 さんじゅうごふん 三十五分 상쥬–고훙	36분 さんじゅうろっぷん 三十六分 상쥬–롯풍
37분 さんじゅうななふん 三十七分 상쥬–나나훙	38분 さんじゅうはちふん 三十八分 상쥬–하치훙	39분 さんじゅうきゅうふん 三十九分 상쥬–큐–훙	40분 よんじゅっぷん 四十分 용쥿풍
41분 よんじゅういっぷん 四十一分 용쥬잇풍	42분 よんじゅうにふん 四十二分 용쥬–니훙	43분 よんじゅうさんぷん 四十三分 용쥬–상풍	44분 よんじゅうよんぷん 四十四分 용쥬–용풍
45분 よんじゅうごふん 四十五分 용쥬–고훙	46분 よんじゅうろっぷん 四十六分 용쥬–롯풍	47분 よんじゅうななふん 四十七分 용쥬–나나훙	48분 よんじゅうはちふん 四十八分 용쥬–하치훙
49분 よんじゅうきゅうふん 四十九分 용쥬–큐–훙	50분 ごじゅっぷん 五十分 고쥿풍	51분 ごじゅういっぷん 五十一分 고쥬–잇풍	52분 ごじゅうにぷん 五十二分 고쥬–니풍
53분 ごじゅうさんぷん 五十三分 고쥬–상풍	54분 ごじゅうよんぷん 五十四分 고쥬–용풍	55분 ごじゅうごふん 五十五分 고쥬–고훙	56분 ごじゅうろっぷん 五十六分 고쥬–롯풍

57분 ごじゅうななふん **五十七分** 고쥬–나나훙	58분 ごじゅうはちふん **五十八分** 고쥬–하치훙	59분 ごじゅうきゅうふん **五十九分** 고쥬–큐–훙	

핵심 단어

오전 ごぜん **午前** 고젱	오후 ごご **午後** 고고	아침 あさ **朝** 아사
점심 ひる **昼** 히루	저녁 ゆうがた **夕方** 유–가타	밤 よる **夜** 요루

봄 はる **春** 하루		3월 さんがつ **三月** 산가츠	4월 しがつ **四月** 시가쯔	5월 ごがつ **五月** 고가츠
여름 なつ **夏** 나쯔		6월 ろくがつ **六月** 로쿠가츠	7월 しちがつ **七月** 시치가르	8월 はちがつ **八月** 하치가츠
가을 あき **秋** 아키		9월 くがつ **九月** 쿠가쯔	10월 じゅうがつ **十月** 쥬–가츠	11월 じゅういちがつ **十一月** 쥬–이치가츠
겨울 ふゆ **冬** 후유		12월 じゅうにがつ **十二月** 쥬–니가츠	1월 いちがつ **一月** 이치가츠	2월 にがつ **二月** 니가츠

일

1일 ついたち **一日** 쯔이타치	2일 ふつか **二日** 후쯔카	3일 みっか **三日** 밋카	4일 よっか **四日** 욧카
5일 いつか **五日** 이쯔카	6일 むいか **六日** 무이카	7일 なのか **七日** 나노카	8일 ようか **八日** 요–카
9일 ここのか **九日** 코코노카	10일 とおか **十日** 토오카	11일 じゅういちにち **十一日** 쥬–이치니치	12일 じゅうににち **十二日** 쥬–니니치
13일 じゅうさんにち **十三日** 쥬–상니치	14일 じゅうよっか **十四日** 쥬–욧카	15일 じゅうごにち **十五日** 쥬–고니치	16일 じゅうろくにち **十六日** 쥬–로쿠니치

17일 じゅうしちにち **十七日** 쥬-시치니치	18일 じゅうはちにち **十八日** 쥬-하치니치	19일 じゅう く にち **十九日** 쥬-쿠니치	20일 は つ か **二十日** 하쯔카
21일 に じゅういちにち **二十一日** 니쥬-이치니치	22일 に じゅう に にち **二十二日** 니쥬-니니치	23일 に じゅうさんにち **二十三日** 니쥬-상니치	24일 に じゅうよっ か **二十四日** 니쥬-욧카
25일 に じゅう ご にち **二十五日** 니쥬-고니치	26일 に じゅうろくにち **二十六日** 니쥬-로쿠니치	27일 に じゅうしちにち **二十七日** 니쥬-시치니치	28일 に じゅうはちにち **二十八日** 니쥬-하치니치
29일 に じゅう く にち **二十九日** 니쥬-쿠니치	30일 さんじゅうにち **三十日** 상쥬-니치	31일 さんじゅういちにち **三十一日** 상쥬-이치니치	

요일

월요일
げつよう び
月曜日
게츠요-비

화요일
か よう び
火曜日
카요-비

수요일
すいよう び
水曜日
스이요-비

목요일
もくよう び
木曜日
모쿠요-비

금요일
きんよう び
金曜日
킹요-비

토요일
ど よう び
土曜日
도요-비

일요일
にちよう び
日曜日
니치요-비

핵심 단어

다음 주 来週(らいしゅう) 라이슈–	이번 주 今週(こんしゅう) 콩슈–	지난주 先週(せんしゅう) 셍슈–
어제 昨日(きのう) 키노우	오늘 今日(きょう) 쿄–	내일 明日(あした) 아시타

맑아요
清(きよ)いです
키요이데스

따뜻해요
暖(あたた)かいです
아타타카이데스

화창해요
のどかです
노도카데스

더워요
暑(あつ)いです
아쯔이데스

흐려요
曇(くも)ります
쿠모리마스

안개 껴요
霧(きり)がかかります
키리가카카리마스

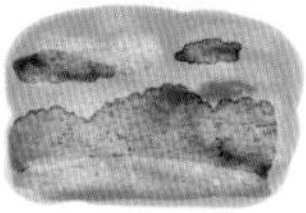

비가 와요
雨(あめ)が降(ふ)ります
아메가 후리마스

비가 그쳐요
雨(あめ)が止(や)みます
마메가 아미마스

장마철이에요
梅雨(つゆ)に入(はい)ります
쯔유가 하이리마스

무지개가 떠요
虹(にじ)が出(で)ます
니지가 데마스

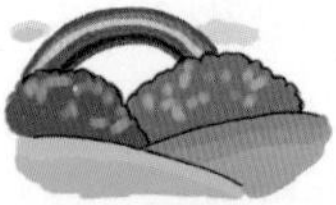

습해요
湿(しめ)っぽいです
시멧포이데스

천둥쳐요
雷(かみなり) が鳴(な)ります
카미나리가 나리마스

번개쳐요

いなずま　はし
稲妻が走ります
이나즈마가 하시리마스

바람이 불어요

かぜ　ふ
風が吹きます
카제가 후키마스

시원해요

こころ
快いです
코코로이데스

태풍이 몰아쳐요

たいふう　ふ　つ
台風が吹き付けます
타이후–가 후키쯔케마스

눈이 내려요

ゆき　ふ
雪が降ります
유키가 후리마스

얼음이 얼어요

こおり　は
氷が張ります
코오리가 하리마스

선선해요

すず
涼しいです
스즈시이데스

쌀쌀해요

はださむ
肌寒いです
하다자므이데스

추워요

さむ
寒いです
사무이데스

서리가 내려요

しも　お
霜が降ります
시모가 오리마스

핵심 단어

해

たいよう
太陽
타이요–

구름

くも
雲
쿠모

비

あめ
雨
아메

바람

かぜ
風
카제

눈

ゆき
雪
유키

고드름

つらら
氷柱
츠라라

별 ほし **星** 호시 	달 つき **月** 츠키 

0 영 れい **零 /ゼロ** 레이 / 제로 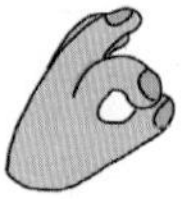	1 일 いち **一** 이치 	2 이 に **二** 니 
3 삼 さん **三** 산 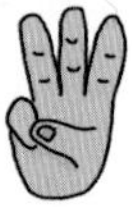	4 사 し/よん **四** 시 / 욘 	5 오 ご **五** 고 
6 육 ろく **六** 로쿠 	7 칠 しち/なな **七** 시치 / 나나 	8 팔 はち **八** 하치 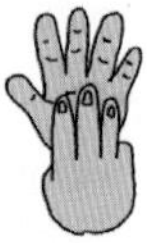
9 구 きゅう **九** 큐– 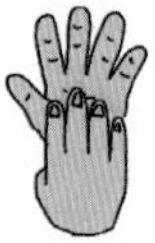	10 십 じゅう **十** 쥬– 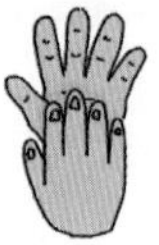	20 이십 に じゅう **二十** 니쥬– 20
30 삼십 さんじゅう **三十** 산쥬– 30	40 사십 よんじゅう **四十** 욘쥬– 40	50 오십 ご じゅう **五十** 고쥬– 50
60 육십 ろくじゅう **六十** 로쿠쥬– 60	70 칠십 ななじゅう **七十** 나나쥬– 70	80 팔십 はちじゅう **八十** 하치쥬– 80
90 구십 きゅうじゅう **九十** 큐–쥬– 90	100 백 ひゃく **百** 하쿠 100	1,000 천 せん **千** 센 1,000

10,000 만

万（まん）

만

100,000 십만

十万（じゅうまん）

쥬-만

1,000,000 백만

百万（ひゃくまん）

햐쿠만

10,000,000 천만

千万（せんまん）

센만

헤아리는 단위

명

名（めい）

메이

마리(작은동물)

匹（ひき、びき、ぴき）

히키, 비키, 피키

마리(큰동물)

頭（とう）

토-

개

個（こ）

코

잔

杯（はい、ばい、ぱい）

하이, 바이, 파이

병

瓶（びん）

빙

장

枚（まい）

마이

층

階（かい、がい）

카이, 가이

채(집을 세는 단위)

軒（けん）

켕

개(길쭉한 것)

本（ぽん、ほん）

퐁, 홍

일주일
いっしゅうかん
一週間
잇슈–캉

이주일
にしゅうかん
二週間
니슈–캉

한 달
いっかげつ
一ヵ月
잇카게쯔

두 달
にかげつ
二ヵ月
니카게쯔

일 년
いちねん
一年
이치넨

이 년
にねん
二年
니넨

영어
えいご
英語
에이고

ABCD
EFGH

한국어
かんこくご
韓国語
캉코쿠고

가나다라
마바사아

일본어
にほんご
日本語
니홍고

かきくけ
がぎぐげ

맛있어요
おい
美味しいです
오이시이데스

맛없어요
まず
不味いです
마즈이데스

싱거워요
うす
薄いです
우스이데스

뜨거워요
あつ
熱いです
아츠이데스

달아요
あま
甘いです
아마이데스

짜요
しお
塩からいです
시오카라이데스

매워요
から
辛いです
카라이데스

얼큰해요
ひりひりします
히리히리시마스

시어요 酸(す)っぱいです 숫파이데스		써요 苦(にが)いです 니가이데스	
떫어요 渋(しぶ)いです 시부이데스		느끼해요 あぶらっこいです 아부랏코이데스	
고소해요 香(こう)ばしいです 고우바시이데스		담백해요 あっさりです 앗사리데스	
시원해요 さっぱりします 삿파리시마스		비려요 生臭(なまぐさ)いです 나마구사이데스	

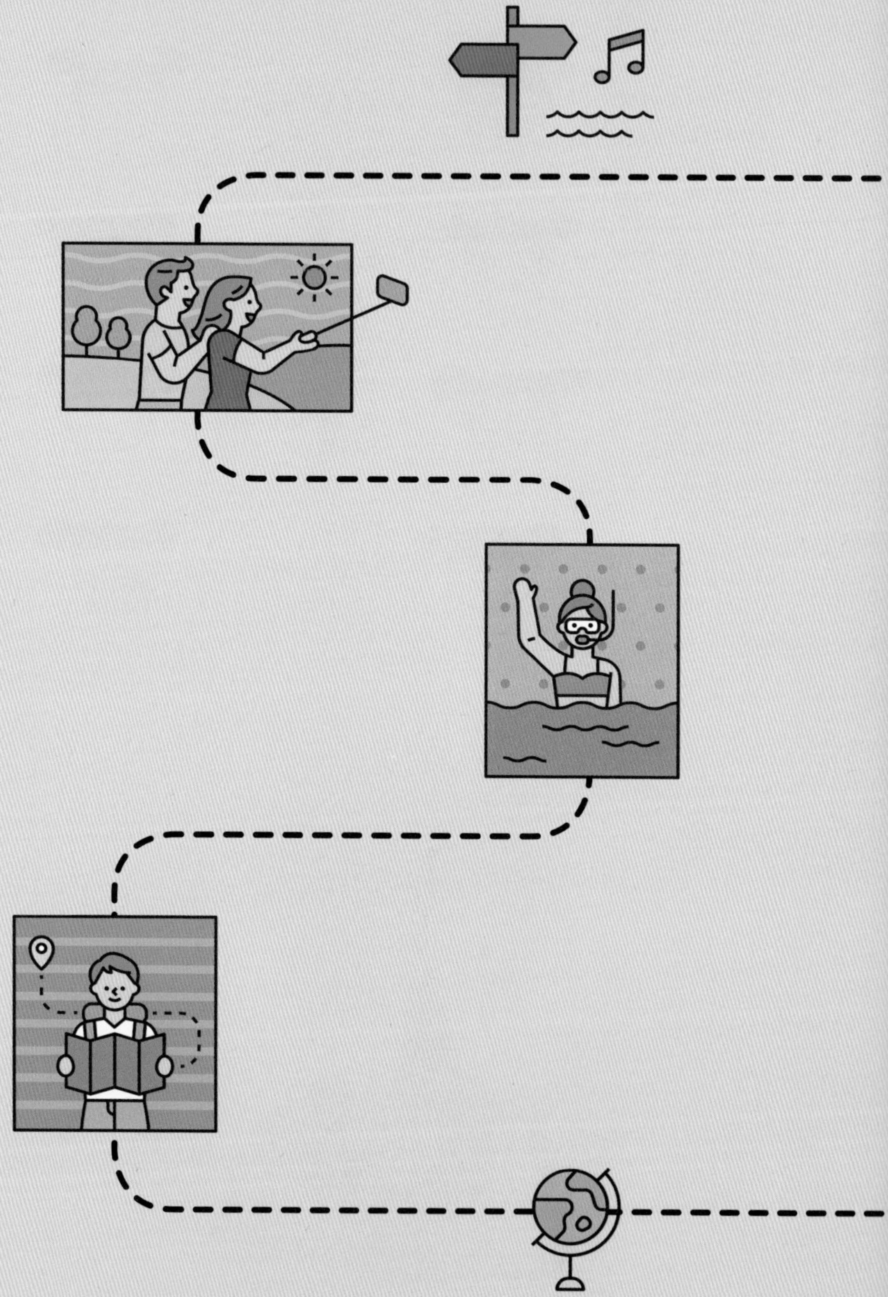

PART 2

Chapter 01 출발, 도착

Unit 01. 기내에서

❶ 자리 찾기

바꿔 말하기

창문 입니다.

窓(まど) です。

(마도)데스

비행기 기내

① 창문 まど 窓 마도	② 승무원 きゃくしつじょうむいん 客室乗務員 카쿠시츠쇼–무잉	③ 머리 위의 짐칸 ずじょう　にもつだな 頭上の荷物棚 즈조–노니모쯔다나
④ 에어컨 エアコン 에아콘	⑤ 조명 しょうめい 照明 쇼–메이	⑥ 모니터 モニター 모니타–

⑦ 좌석(자리) せき 席 세키	⑧ 구명조끼 きゅうめい 救命チョッキ 큐―메―춋키	⑨ 호출버튼 よ だ 呼び出しボタン 요비다시보탄
⑩ 안전벨트 あんぜん 安全ベルト 안젠베루토	⑪ 짐 に もつ 荷物 니모츠	⑫ 통로 つう ろ 通路 츠―로
⑬ 비상구 ひ じょうぐち 非常口 히죠―구치	⑭ 화장실 て あら お手洗い / トイレ 오테아라이 / 토이레	⑮ 이어폰 イヤホン 이야혼

핵심문장 익히기

- 제 자리입니다.
  わたし せき
  私の 席です。
  와타시노 세키데스

- 제 자리를 좀 안내해주세요.
  わたし せき あんない
  私の 席を 案内して いただけませんか。
  와타시노 세키오 앙나이시테 이타다케마셍카

- 제 자리는 어디인가요?
  わたし せき
  私の 席は どこですか?
  와타시노 세키와 도코데스카

- 창가 / 통로 자리를 원해요.
  まどぎわ せき つう ろ がわ せき
  窓際の 席 / 通路 側の 席に してください。
  마도기와노 세키 / 츠―로가와노 세키니 시테쿠다사이

- 의자를 젖혀도 될까요?

シートを 倒(たお)しても いいですか?
시-토오 타오시테모 이이데스카

- 자리를 좀 찾아주시겠어요?

席(せき)を 探(さが)していただけますか?
세키오 사가시테이타다케마스카

- 짐을 올려 주시겠어요?

荷物(にもつ)を 上(あげ)て いただけますか?
니모츠오 아게테 이타다케마스카

- 죄송하지만 자리를 바꿔 주실 수 있나요?

すみませんが、席(せき)を 換(か)えて いただけますか?
스미마센가, 세키오 카에테 이타다케마스카

- 지나가도 될까요?

通(とお)ってもいいですか?
토옷태모이-데스카

❷ 기내 서비스

1. 승무원에게 서비스를 요구할 때

바꿔 말하기

신문 주세요.

しんぶん
新聞 ください。

(싱붕) 쿠다사이

기내 서비스 물품

신문 しんぶん 新聞 싱붕	한글 ハングル 항구루	영어 えいご 英語 에–고	일어 にほんご 日本語 니홍고	중문 ちゅうぶん 中文 츄–붕

면세품 목록 めんぜいひん 免税品カタログ 멘제힝카타로구	잡지 ざっし 雑誌 잣시
담요 もうふ 毛布 모–후	베개 まくら 枕 마쿠라
입국카드 にゅうこく 入国カード 뉴–코쿠카–도	티슈 ティッシュ 팃슈

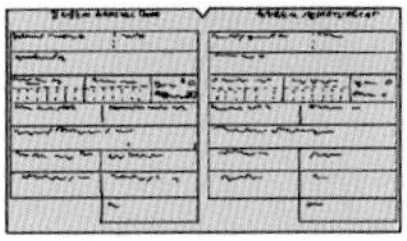

▶ 기내 서비스 – 신문

A: 저기요.

すみません。
스미마셍

B: 무엇을 도와드릴까요?

何(なに)かお困(こま)りですか?
나니카 오코마리 데스카

A: (신문) 주세요.

(新聞(しんぶん)) ください。
(신붕) 쿠다사이

핵심문장 익히기

- 언제 도착하나요?

  いつ 到着(とうちゃく)しますか?
  이쯔 토우차쿠시마스카

- 몸이 불편해요. 도와주세요.

  からだの 具合(ぐあい)が 悪(わる)いです。手伝(てつだ)って いただけますか。
  카라다노 구아이가 와루이데스. 테쯔닷테 이타다케마스카

2. 음료나 음식을 요청할 때

바꿔 말하기

음료수 주세요.

飲み物(のもの) ください。

(노미모노) 쿠다사이

음료, 식사 관련

음료수 飲み物(のもの) 노미모노 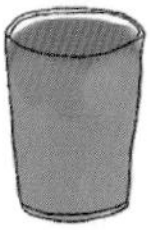	망고 주스 マンゴージュース 망고-쥬-스 	콜라 コーラ 코라 
오렌지주스 オレンジジュース 오렌지쥬-스 	우유 牛乳(ぎゅうにゅう) 규-뉴- 	커피 コーヒー 고-히- 
맥주 ビール 비-루 	물 水(みず) 미즈 	식사 食事(しょくじ) 쇼쿠지 
포크 フォーク 표-크 	나이프 ナイフ 나이후 	젓가락 はし 하시 

▶ 기내 서비스 – 음료 또는 음식

A: 무엇으로 드시겠어요?

何(なに)を お召(め)し上(あ)がりになりますか?

나니오 오메시아가리니나리마스카

어떤 음료수를 드시겠어요?

飲(の)み物(もの)は 何(なに)に なさいますか?

노미모노와 나니니 나사이마스카

B: 어떤 요리가 있나요?

どんな料理(りょうり)が ありますか?

돈나 료–리가 아리마스카

A: 닭고기와 소고기 요리가 있습니다.

鶏肉料理(とりにくりょうり)と 牛肉料理(ぎゅうにくりょうり)が あります。

토리니쿠료–리토 규–니쿠료–리가 아리마스

B: 닭고기 요리 주세요.

鶏肉料理(とりにくりょうり)に します。

토리니쿠료–리니 시마스

고맙지만 사양할게요.

ありがとう、でも 結構(けっこう)です。

아리가토우, 데모 켓코–데스

A: 치워 드릴까요?

お下(さ)げしますか?

오사게시마스카

B: 치워 주세요.

下(さ)げていただけませんか。

사게테이타다케마센카

나중에 치워 주세요.

後(あと)で 下(さ)げていただけませんか。

아토데 사게테이타다케마셍카

잘 먹었습니다.

ごちそうさまでした。
고치소-사마데시타

한 잔 더 주세요.

もう 一杯(いっぱい) いただけませんか。
모우 잇파이 이타다케마센카

좀 더 주세요.

もっと ください。
못토 쿠다사이

3. 기내 면세품을 구입할 때

바꿔 말하기

담배 주세요.

タバコ ください。
(타바코) 쿠다사이

기내 면세품		
담배 タバコ 타바코 	술 お酒(さけ) 오사케 	화장품 化粧品(けしょうひん) 케쇼-힝 
향수 香水(こうすい) 코-스이 	시계 時計(とけい) 토케- 	목걸이 ネックレス 넷쿠레스 

핵심문장 익히기

- 이것으로 주세요.

  これで お願(ねが)いします。

  코레데 오네가이시마스

- 면세품 판매는 언제 하나요?

  免税品(めんぜいひん)の 販売(はんばい)は いつしますか?

  멘제–힝노 한바이와 이쯔시마스카

- 카탈로그를 보여 주시겠어요?

  カタログを 見(み)せて ください。

  카타로구오 미세테 쿠다사이

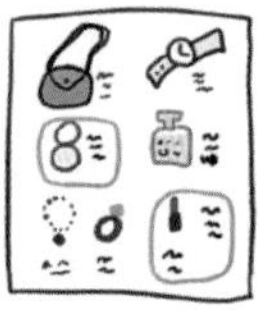

- 얼마예요?

  いくらですか?

  이쿠라데스카

입국카드

[일본입국카드 앞면]

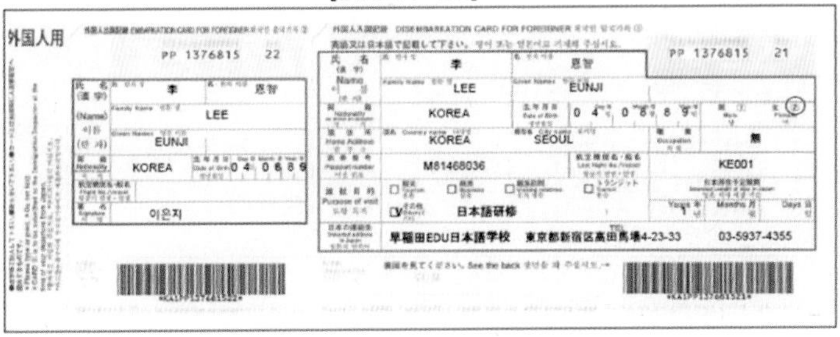

[일본입국카드 뒷면]

세관신고서

大韓民国 税関申告書

- 韓国に入国されるすべての方は、この申告書に記入して提出してください。税関職員の指示がある場合には、携帯品検査を受ける必要があります。
- 家族同伴(同一世帯)は代表者1人が記入して申告してください。
- 申告書を記入する前に、必ず裏面の注意事項をお読みになってください。

氏　名 ①	鈴木　義行		
生年月日 ②	1969.9.16	旅券番号 ③	TK1234567
職　業 ④	会社員	旅行期間 ⑤	3　日
旅行目的 ⑥	☑旅行 □仕事 □親戚訪問 □公務 □その他		
航空便名 ⑦	KE752	同伴家族数 ⑧	名
韓国に入国する前に訪問した国(計　ヵ国) ⑨ 1.　2.　3.			
住所(滞在場所) ⑩	ROYAL HOTEL		
電話番号(携帯電話) ⑪	☎ 02-756-1112 (　　)		

税関申告事項 ⑫

-以下の質問の該当する□に"✓"でチェックし、申告する品は"申告品記載欄(裏面下段)"に記入してください。-

	有	無
1. 海外(国内外の免税品を含む)で取得(購入品・お土産品・贈答品を含む)した免税範囲を越えるもの(裏面1を参照)	□	☑
2. FTA締結国を原産地とするもので、特恵関税の適用を受けようとするもの	□	☑
3. ドル換算で1万ドルを越える支払手段(ウォン貨・外貨など法定通貨、自己宛小切手、トラベラーズチェック、その他の有価証券) [合計額:約　　　]	□	☑
4. 銃砲類、刀剣類、麻薬類、国憲及び公序良俗を害するものなど韓国への持込みが禁止又は制限されているもの(裏面2を参照)	□	☑
5. 動物、植物、肉加工品など検疫確認が必要なものまたは家畜伝染病発生国の畜産農家への訪問 ※畜産農家訪問者は検疫検査本部に申告	□	☑
6. 販売用の品物、会社用の品物(サンプルなど)、他人から預かった物、預置または一時輸出入品	□	☑

この申告書に記載したとおりである旨申告します。

⑬ 2013 年　4 月　18 日

申告者:　鈴木義行　(署名)

85mmX210mm(一般用紙 120g/m²)

1. 携帯品の免税範囲

▶ 酒類・香水・たばこ

区分	酒類	香水	たばこ
一般旅行者	1本 (1ℓ以下でUS$400以下)	60mℓ	200本
乗組員	-	-	200本

- 満19歳未満の方は酒類及びたばこの免税はありません。

▶ その他の品物

一般旅行者	US$400以下 (本人使用、お土産用、携行品などに限る) • 但し、農林畜産物、漢方薬材などは10万ウォン以下で、品目別に数量又は重量に制限がある。
乗組員	US$100以下(品目当り1個または1セットに限る)。

2. 韓国への持込みが禁止又は制限されているもの

- 銃砲(模擬銃砲)・刀剣などの武器類、実弾及び火薬類、放射性物質、盗聴装備など
- メタンフェタミン・アヘン・ヘロイン・大麻などの麻薬類及び誤乱用のおそれのある医薬品など
- 国憲及び公序良俗を害するもの、国家機密の漏洩又は諜報に供するもの
- 偽造品(商標)など知的財産権を侵害するもの、偽札及び偽造又は変造された有価証券
- 象牙、じゃ香、虎骨、ワニ皮など絶滅の危機に瀕した野生動植物及びその製品

3. 検疫確認が必要なもの

- 生きている動物(ペットなど)及び水産動物(魚など)、肉、ジャーキー、ソーセージ、ハム、チーズなど肉加工品
- 土、マンゴー、クルミ、栽培した山人参、松茸、オレンジ、チェリーなどの生果物、種実類及び野菜類

[申告品記入欄]

▶ 酒類・香水・たばこ(免税範囲を越える場合、全輸入量を記載)

酒類	(　)本、計(　)ℓ、金額(　)US$		
タバコ	(　)箱(20本入)	香水	(　)mℓ

▶ その他の品物

品名	数(重)量	価格(US$)

※ 注意事項

- 氏名は、旅券の漢字または英語で記入してください。
- 申告対象品について、申告漏れ、偽りの申告、他人からの預かり物の持込みなどの不正な行為がありますと法令に基づき、5年以下の懲役または罰金、加算税の賦課(納付額の30%)、通告処分及び該当品の没収などの不利益を被ることになります。
- FTAなどにより一定の条件を備えたものについては特恵関税が適用されますが、あとで特恵関税を申請する場合には一般輸入申告が必要です。
- その他の質問のある方は、税関職員または、☎1577-8577へお問い合わせください。

세관신고용지

2. 免税範囲について知って頂く必要があります。課税価格とはお土産・輸入品についての関税です。通常携帯品としてお持込まれる品物以外、輸入方法次第、税率をかけます。入国際に空港或いは河海港の場合はアメリカ３００ドル（また、メキシコペソ相当額）以上の価格は関税をかけており、陸上入国の場合は、免税範囲は７５ドルになります。その価格を確認する為、仕入書、領収書、購入届、インボイス等を提出しなければなりません。アルコール、酒類、紙巻タバコまた自動車用石油は税率をかける必要です。

聖週間（カトリック教に関する休暇）、夏休みと新年に関わる休みの間にメキシコ国籍を持っている方は陸上入国する場合、アメリカ合衆国と国境町に住む方を除いて、アメリカ３００ドルかメキシコのペソ相当額価格まで商品輸入可能です。上記の休み、それぞれの始終日についての問い合わせは、通関相談センターかwww.aduanas.gob.mxサイトにご確認下さい。

課税支払について

- ご旅客は本人が持込む荷物以外の送品などを輸入する予定があれば通関業者を利用せず、商品表記価格（要請求書等）は免除範囲以外、アメリカ３千ドル相当額以内の場合はその総計の１６%の関税を払うことで輸入できます。
- 課税の支払方法はインターネットでwww.banjercito.com.mx またwww.aduanas.gob.mxホームページの「貿易課税支払用紙」をご利用いただくか、自動課税支払カウンターも同様にサービスしております。
- コンピューター装置の場合、他の輸入商品と加える価格総計はアメリカ４千ドル相当額を超えてはいけません。
- 課税以外品輸入国規則に基づいて要件を満たさず商品は輸入するのは禁止です。例えば：通知、許可、承認書等。
- 課税ベースを決定する為、上記の第２番「免税範囲について」を参考し、計算できます。

違反行為と制裁事項

メキシコ輸入法に基づいて下記の状況（そしてそのような行為）が全部、違反として認められ、状況に応じて制裁を実行されるのでご注意下さい。

- 申告せず現金やメキシコ国内・国外発行された小切手や携帯支払手段等は総計でアメリカ一万ドル相当額を超える場合は密輸出入犯罪を行うことによる罰金として、その超える部分の２～４割を払うべきで、状況に応じて処罰されることになります。
- 輸出入法に基づいて禁止・制限又、貿易課税を払うべき場合は本質を隠そうとする目的で技術・仕掛け等により品物密輸をした場合は、罰金としてその商品の取引価格の７０～１００%を払わなくてはならない。
- 貿易課税を部分的又、完全的に払わずに輸出入することは犯罪です。表記を省く違反の場合のみ、もしもその価格の合計はアメリカ３千ドルかメキシコペソ相当額範囲以内だけの場合は、罰金としてその取引価格の１１５%を払うべきです。貿易課税とその罰金を支払済後、通関関係者当局が荷物をご旅客に渡します。
- メキシコ輸入法の要件を満たず、通関局に与えられる入国許可書無しで密輸するのは禁止です。申告されなかった全部の商品は積込禁止で陸上入国した場合は、その移動手段も一時的没収されます。
- 申告なしの品物は通関に対して要件、制限又、制御のない場合は罰金支払済後、捨てられたものとして取扱う事が出来ます。

２０１０年度。次回法問題に或いは輸入する予定の場合、通関に関するルールで変更された所を確認する為、通関係員に相談していただくかwww.aduanas.gob.mx　ホームページにもどうぞ。

www.sat.gob.mx　www.aduanas.gob.mx

海外旅行者のため
メキシコ入国
通関申告用紙

SAT　ADUANA MEXICO　SHCP

メキシコへようこそ

記入前に指示を必ずお読み下さい。
各旅客様又は家族代理人は本申告を記入しなければならない。次の個人データをローマ字で記入して下さい。

第１項

姓（ラストネーム）　NIKKO
氏名（ファーストネーム）　TARO
国籍　JAPAN
生年月日　日 07　月 05　年 1984
パスポート・旅券番号　MG1234567

第２項

短期滞在者用
メキシコ国内に滞在する予定（日数）　3DAYS
メキシコ在住者用
外国で旅行した期間（日数）

第３項

あなたと一緒に旅行する御家族人数　0
荷物は何個お持ちしますか（手荷物を含める）　2
未着荷物数又、別送品で入国品物個数（ご注１を必ず参考して下さい）　0

第４項

メキシコへ入国するため利用した交通機関
Xの印で記入して下さい
船 [ ]　飛行機 [X]　陸上交通機関 [ ]
船番号 [ ]　飛行機番号 JAL012　自動車番号 [ ]

第５項

メキシコ法上、現金支払手段等を携帯して入国するなら、アメリカ合衆国１万ドル相当額を超える場合は申告提出が必要になります。しなければ場合は行政的処罰される理由になりますからご注意下さい。

あなたは総計でアメリカ一万ドル相当額を超える現金支払手段等（代金引換払いや小切手等）をお持ちしますか。

いいえ [X]　はい [ ]

「はい」を答えた場合、その総合計をアメリカドルで申告して下さい。

$

尚、本申告を提出後、「現金支払手段等の輸出入申告用紙」も記入して下さい。メキシコ入国港で通関係員にも与えられるか同様にwww.aduanas.gob.mxのメキシコ通関局公式ホームページからダウロードできます。

Unit 02. 입국 심사

❶ 입국 심사관과의 대화 1

바꿔말하기

사업차 예요.

ビジネス です。
(비지네스) 데스

입국심사 1

사업차 ビジネス 비지네스 	여행, 관광 りょこう / かんこう 旅行 / 観光 료코– / 캉코– 	공무 こうむ 公務 코–무 
취업 しゅうぎょう 就業 슈–교– 	거주 きょじゅう 居住 쿄쥬– 	친척 방문 しんせきほうもん 親戚訪問 싱세키호–몬 
유학 りゅうがく 留学 류–가쿠 	귀국 きこく 帰国 키코쿠 	휴가 きゅうか 休暇 큐–카 

▶ **방문 목적에 대해**

A: 방문 목적은 무엇입니까?
ほうもん もくてき なん
訪問 目的は 何ですか?
호–몽 모쿠테키와 난데스카

B: 사업차입니다.
ビジネスです。
비지네스데스

❷ 입국 심사관과의 대화 2

바꿔 말하기

호텔 에서 머물러요.

ホテル に 泊(と)まります。

(호테루)니 토마리마스

입국심사 2

호텔 **ホテル** 호테루 	친척집 しんせき いえ **親戚の 家** 싱세키노 이에 
친구집 ゆうじん いえ **友人の 家** 유-징노 이에 	미정입니다. みてい **未定です** 미테이데스 

▶ **체류지에 대해**

A: 어디서 머무시나요?

どこに 泊(と)まりますか?

도코니 토마리마스카

B: 호텔에서 머뭅니다.

ホテルに 泊(と)まります。

호테루니 토마리마스

❸ 입국 심사관과의 대화 3

▶ **기타**

A: 여권을 보여 주세요.

パスポートを 拝見(はいけん)いたします。
파스포–토오 하이켄이타시마스

B: 여기 있습니다.

どうぞ。
도–조

A: 어느 나라에서 왔나요?

どちらから おいでですか?
도찌라카라 오이데데스카

B: (한국)에서 왔어요.

(韓国(かんこく))から 来(き)ました。
(칸코쿠)카라 키마시타

A: 며칠 정도 머물 생각인가요?

何日(なにひ)ほど 滞在(たいざい)する 予定(よてい)ですか?
나니히호도 타이자이스루 요테이데스카

B: (일주일) 머물 거예요.

一週間(いっしゅうかん) 滞在(たいざい)します。
잇슈–칸 타이자이시마스

A: 돌아가는 항공권을 가지고 있나요?

帰(かえ)りの航空券(こうくうけん)は ありますか?
카에리노 코–쿠켄와 아리마스카

B: 네. / 아니요.

はい。/ いいえ。
하이 / 이이에

A: 현금은 얼마나 가지고 있나요?

現金(げんきん)を どのくらい お持(も)ちですか?
겡킹오 도노쿠라이 오모치데스카

B: (5만엔) 가지고 있어요. (P. 225 '물건 사기' 참고)

(5万円(まんえん))持(も)っています。
(고망엥)못데이마스

A: 일본은 처음이세요?

日本(にほん)は はじめてですか?
니홍와 하지메테데스카

B: 네. / 아니요.

はい。/ いいえ。
하이 / 이이에

Unit 03. 수화물 찾기

❶ 수화물을 찾을 때

바꿔말하기

수화물을 못 찾겠어요 .

てにもつ　みあ
手荷物が 見当たらないです 。
테니모쯔가 (미아타라나이데스)

수화물 찾기

분실했어요.
な
失くしました。
나쿠시마시타

바뀌었어요.
い　か
入れ替わりました。
이레카와리마시타

▶ 수화물 찾는 곳을 물을 때

A: 수화물 찾는 곳이 어디 있나요?
てにもつうけとりしょ
手荷物受取所は どこですか?
테니모쯔 우케토리쇼와 도코데스카

B: 어느 비행기로 오셨습니까?
ひこうき　き
どの 飛行機で 来ましたか?
도노 히코-키데 키마시타카

A: E63편 비행기로 왔습니다.
ろくじゅうさんびん　ひこうき　き
E6 3便の 飛行機で 来ました。
이로쿠쥬-상빙 히코-키데 키마시타

B: 저쪽으로 가세요.
む　ほう　い
向こうの方に 行ってください。
무코-노호-니 잇데쿠다사이

핵심문장 익히기

- 카트가 어디 있나요?

  カートはどこにありますか?

  카-토와 도코니 아리마스카

- 유실물 관리 사무소가 어디죠?

  紛失物(ふんしつぶつ) 管理事務所(かんりじむしょ)は どこですか?

  훈시쯔부쯔 캉리지무쇼와 도코데스카

- 저의 수화물 인환증입니다.

  私(わたし)の 手荷物引換証(てにもつひきかえしょう)です。

  와타시노 테니모쯔히키카에쇼-데스

- 수화물이 파손됐어요.

  手荷物(てにもつ)が 破損(はそん)しました。

  테니모쯔가 하손시마시타

- 수화물이 나오지 않았어요.

  手荷物(てにもつ)が 出(で)てきません。

  테니모쯔가 데테키마셍

- 분실 신고할게요.

  紛失届(ふんしつとどけ)をしたいです。

  붕시쯔토도오 시타이데스

- 보상해 주세요.

  補償(ほしょう)して ください。

  호쇼-시테 쿠다사이

❷ 세관원과의 대화

바꿔말하기

이것은 개인 소지품 입니다.

これは 身の回り品(みのまわりひん) です。

코레와 (미노마와리힝)데스

개인 물품

개인 소지품 身の回り品(みのまわりひん) 미노마와리힝 	선물 プレゼント 프레젠토 

▶ **세관원과 대화할 때**

A: 여권과 신고서를 보여 주세요.

パスポートと 申告書(しんこくしょ)を 見(み)せてください。

파스포–토토 신코쿠쇼오 미세테쿠다사이

신고할 물건이 있나요?

申告(しんこく)する物(もの)が ありますか?

신코쿠스루모노가 아리마스카

B: 신고할 물건이 있습니다.

申告(しんこく)する物(もの)があります。

싱코쿠스루 모노가 아리마스

신고할 물건이 없습니다.

申告(しんこく)する物(もの)が ありません。

싱코쿠스루모노가 아리마셍

A: 가방을 열어 주세요.

かばんを 開けてください。
카방오 아케테쿠다사이

B: 이것은 (개인 소지품)입니다.

これは 身の回り品です。
코레와 미노마와리힝데스

Unit 04. 공항에서

바꿔말하기

한국돈 을 달러 로/으로 환전해 주세요.

かんこくかへい　　　　　か
韓国貨幣 を ドル に 換えてください。
(캉코쿠카헤–)오 (도루)니 카에테 쿠다사이

지폐와 동전

여행자 수표 りょこうこぎって 旅行小切手 료코–코깃테 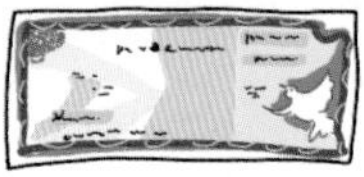	엔화 えんか 円貨 엥카 
달러 ドル 도루 	한화 かんこくかへい 韓国貨幣 캉코쿠카헤– 
현금 げんきん 現金 겡킹 	수표 こぎって 小切手 코깃테 
지폐 しへい 紙幣 시헤– 	동전 こぜに 小銭 / コイン 코제니 / 코인 

▶ 환전을 할 때

A: (한국돈)을 (달러)로/으로 환전해 주세요.

かんこくかへい　　　　か
(韓国貨幣)を (ドル)に 換えてください。
(캉코쿠카헤–)오 (도루)니 카에테 쿠다사이

B: 금일자 환율이 1000이네요.

今日(きょう)の為替(かわせ)レートは 1000(せん)です。

코-노 카와세레-토와 셍데스

어떻게 환전해 드릴까요?

どのように両替(りょうがえ)しましょうか?

도노요우니 료-가에시마쇼우카

A: [돈을 건네며] 다양하게 섞어 주세요. (P. 225 '물건 사기' 참고)

多様(たよう)に 混(ま)ぜてもらえませんか。

타요우니 마제테 모라에마셍카

(만엔), (오천엔) 섞어 주세요.

(一万円(いちまんえん))、(五千円(ごせんえん))混(ま)ぜてもらえませんか。

(이치망엥), (고셍엔) 마제테모라에마셍카

(만엔) (5장) 주세요.

(一万円(いちまんえん)) 五枚(ごまい) ください。

(이치망엥) (고마이) 쿠다사이

B: 신분증을 주세요.

身分証(みぶんしょう)ください。

미분쇼- 쿠다사이

핵심문장 익히기

- 환전은 어디에서 하나요?

  両替(りょうがえ)はどこでしますか?

  료-가에와 도코데시마스카

- 영수증을 주세요.
  りょうしゅうしょ
  領収書ください。
  료-슈-쇼 쿠다사이

- 환전하려고 하는데, 일본은행이 어디에 있나요?
  りょうがえ　　　　　　　　に ほんぎんこう
  両替したいのですが、日本銀行はどこにありますか?
  료-가에시타이노데스가, 니홍깅코-와 도코니 아리마스카

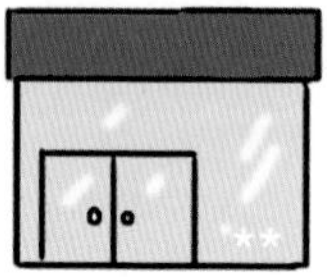

여행관련자료

지하철 노선도 ち か てつ　ろ せん ず 地下鉄の路線図 치카테쯔노 로셍즈 	관광지도 かんこう ち ず 観光地図 칸코-치즈 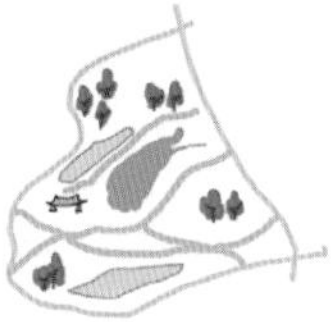	여행안내자료 りょこうあんない し りょう 旅行案内資料 료코-앙나이시료- 
한국어 팸플릿 かんこく ご 韓国語パンフレット 캉코쿠고 팡푸렛토	시내지도 し ない ち ず 市内地図 시나이 치즈	버스 시간표 じ こくひょう バス 時刻表 바스 지코쿠효-
버스 노선도 ろ せん ず バス 路線図 바스 로셍즈	호텔 리스트 ホテルリスト 호테루 리스토	버스 투어 안내서 あんないしょ バスツアー案内書 바스 쯔아 앙나이쇼

▶ 지하철 노선도 등을 달라고 할 때

A: (지하철 노선도) 있나요?

ち か てつ　ろ せん ず
(地下鉄の路線図)ありますか?

(치카테쯔노 로셍즈) 아리마스카

B: 있습니다. / 없습니다.

あります。/ ありません。

아리마스 / 아리마셍

핵심문장 익히기

- ~가는 교통편을 알려 주세요.

い　こうつうしゅだん　おし
~に行く交通手段を教えてください。

~니 이쿠 코–쯔–슈당오 오시에테 쿠다사이

- 여기에서 호텔을 예약할 수 있나요?

よ やく
ここでホテルを予約できますか?

코코데 호테루오 요야쿠데키마스카

- 한국어로 된 것 있나요?

かんこく ご
韓国語のものがありますか?

캉코쿠고노모노가 아리마스카

- 한국어 하시는 분 계세요?

かんこく ご　はな　ひと
韓国語を話す人はいますか?

캉코쿠고오 하나스 히토와 이마스카

핵심 단어		
출발 입구 しゅっぱつ 出発ゲート 슛파쯔게–토	도착 입구 とうちゃく 到着ゲート 도–챠쿠 게–토	
국내선 こくないせん 国内線 코쿠나이센	탑승수속 중 とうじょうてつ づ 搭乗手続き 도–죠–테쯔즈키	
환승 비행기 の か ひこうき 乗り換え飛行機 노리카에 히코–키	지연 ち えん 遅延 치엥	공석 대기 くうせきたい き 空席待機 코–세키 타이키

Chapter 02 교통

Unit 01. 장소나 길 묻기

❶ 장소를 찾을 때

바꿔 말하기

리무진버스 정류장 이 어디에 있나요?

リムジンバス乗(の)り場(ば) はどこですか?

(리무징 바스노리바)와 도코데스카

근처에 매표소 가 있나요?

近(ちか)くに チケット売(う)り場(ば) はありますか?

치카쿠니 (치켓토 우리바)와 아리마스카

대중교통, 공용시설

시외버스 터미널 市外(しがい)バスターミナル 시가이바스 타–미나루  	관광버스 터미널 観光(かんこう)バスターミナル 캉코–바스 타–미나루 	여객 터미널 客船(きゃくせん)ターミナル 캬쿠센 타–미나루 
리무진버스 정류장 リムジンバス乗(の)り場(ば) 리무진바스노리바 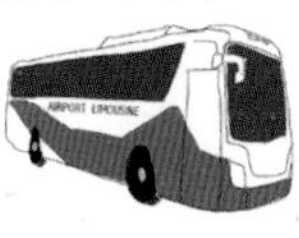 	버스 정류장 バス停(てい) 바스테이 	택시 정류장 タクシー乗(の)り場(ば) 타쿠시–노리바 

공항 空港(くうこう) 쿠-코- 	열차역 列車駅(れっしゃえき) 렛샤에키 	지하철역 地下鉄の駅(ちかてつ えき) 치카테쯔노 에키 
주차장 駐車場(ちゅうしゃじょう) 츄-샤죠- 	비상구 非常口(ひじょうぐち) 히죠-구치 	엘리베이터 エレベーター 에레베-타- 
매표소 切符売場(きっぷうりば) 킷푸우리바 	렌터카영업소 レンタカー 営業所(えいぎょうしょ) 렌타카-에-교-쇼 	입구 / 출구 入口(いりぐち) / 出口(でぐち) 이리구치 / 데구치 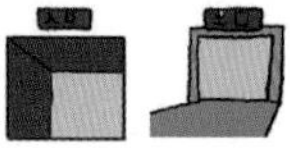
예약 창구 予約窓口(よやくまどぐち) 요야쿠마도구치 		환불 払い戻し(はらいもどし) 하라이모도시 

핵심문장 익히기

- 말씀 좀 묻겠습니다.

  ちょっとお伺(うかが)いします。

  춋토 오우카가이시마스

- ~까지 어떻게 가나요?

  ~までどう行(い)きますか?

  ~마데도우 이키마스카

- ~까지 가는데 시간이 얼마나 걸리나요?

  ~まで行(い)くのにどれぐらいかかりますか?

  ~마데 이쿠노니 도레구라이 카카리마스카

- 어떻게 가면 가장 빠르나요?

  ~どう行(い)ったら一番早(いちばんはや)いですか?

  ~도– 잇타라 이치방 하야이데스카

- 걸어서 갈 수 있나요?

  歩(ある)いて行(い)けますか?

  아루이테 이케마스카

- 걸어서 얼마나 걸리나요?

  歩(ある)いてどのぐらいかかりますか?

  아루이테 도노구라이 카카리마스카

- 여기서 먼가요? (멀어요. / 가까워요)

  ここから遠(とお)いですか?(遠(とお)いです。/ 近(ちか)いです。)

  코코가라 토오이데스카 (토오이데스 / 츠카이데스)

❷ 길을 찾을 때

바꿔말하기

여기에서 직진하세요.

ここから 直進(ちょくしん)してください。

(코코카라) 쵸쿠싱시테 쿠다사이

전봇대에서 도세요.

電信柱(でんしんばしら)で 曲(ま)がってください。

(뎅신바시라데) 마갓떼 쿠다사이

방향, 장소

동서남북 東西南北(とうざいなんぼく) 토우자이낭보쿠 	여기 / 저기(에서) ここ / あそこから(で) 코코 / 아소코 카라(데) 	사거리에서 十字路(じゅうじろ)から(で) 쥬–지로 카라(데) 
건물에서 建物(たてもの)から(で) 타테모노 카라(데) 	골목에서 路地(ろじ)から(で) 로지 카라(데) 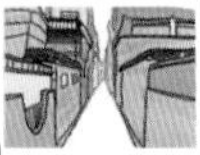	모퉁이에서 街角(まちかど)から(で) 마치카도 카라(데) 
삼거리에서 三叉路(さんさろ)から(で) 산사로 카라(데) 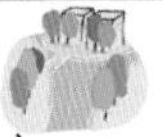	이쪽 / 저쪽 / 오른쪽 / 왼쪽 / 앞 / 뒤(에서) こちら / あちら / 右(みぎ) / 左(ひだり) / 前(まえ) / 後(あと)から 코치라 / 아치라 / 미기 / 히다리 / 마에 / 아토 카라	

바꿔말하기

횡단보도 건너세요.

横断歩道(おうだんほどう)を 渡(わた)ってください。

(오우당호도-)오 와탓테 쿠다사이

도와주세요. 길을 잃어버렸어요 .

助(たす)けてください。道(みち)に迷(まよ)ってしまいました 。

타스케테쿠다사이. (미치니 마욧테시마이마시타)

횡단보도 横断歩道(おうだんほどう) 오우당호도우 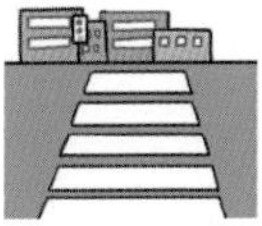	신호등 信号(しんごう) 싱고우 
길을 잃어 버렸어요. 道(みち)に迷(まよ)ってしまいました 미치니 마욧테시마이마시타 	여기가 어딘지 모르겠어요. ここがどこか分(わ)かりません 코코가 도코카 와카리마셍 

▶ 길을 물을 때

A: 여기 가려면 어떻게 가야 하나요?

ここに 行(い)くには どうやって 行(い)ったらいいですか?

코코니 이쿠니와 도-얏데 잇타라 이-테스카

B: (이쪽에서) 직진하면 바로 있습니다.

(ここから)まっすぐ行(い)くと あります。

(코코카라) 맛수구이쿠토 아리마스

A: 걸어가기에 가까운 거리입니까?

歩(ある)いて 行(い)けますか?
아루이테 이케마스카

B: 네, 걸어갈 수 있습니다. / 아니요, 차를 타야 합니다.

はい、歩(ある)いて 行(い)けます。/ いいえ、車(ぐるま)に 乗(の)らなければ なりません。
하이, 아루이테 이케마스 / 이이에, 구루마니 노라나케레바나리마셍

A: 감사합니다.

ありがとう ございます。
아리가토우 고자이마스

B: 제가 데려다 드릴게요. 저를 따라오세요.

わたしが 連(つ)れて行(い)ってあげますので、私(わたし)について 来(き)て ください。
와타시가 쯔레데잇테아게마스노데, 와타시니쯔이테 키테쿠다사이

핵심문장 익히기

- 버스를 잘못 탔어요.

  バスを 乗(の)り間違(まちが)えました。
  바스오 노리마치가에마시타

- 여기가 어디인가요?

  ここは どこですか?
  코코와 도코데스카

- 지도에 위치를 알려 주세요.

  地図(ちず)で位置(いち)を教(おし)えてください。

  치즈데 이치오 오시에테쿠다사이

- 약도를 그려 주세요.

  地図(ちず)を 書(か)いて くださいませんか。

  치즈오 카이테 쿠다사이마셍카

- 도와주셔서 감사합니다.

  助(たす)けてくださって、ありがとう ございます。

  타스케테쿠다삿테 아리가토우 고자이마스

Unit 02. 택시

바꿔말하기

이곳 으로 가 주세요.

ここ に行(い)ってください。

(코코)니 잇테 쿠다사이

장소

이곳 **こちら** 코치라	가까운 길 **近道**(ちかみち) 치가미치

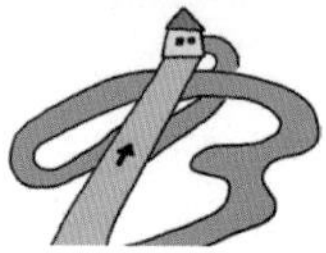

▶ 택시를 탈 때

A: 택시 !

タクシー！

타쿠시–

B: 어디까지 가세요?

どちらまで 行(い)かれますか?

고치라마데 이카레마스카

A: (이곳)으로 가주세요.

(ここ)に 行(い)って ください。

(코코)니 잇테 쿠다사이

B: 어떤 길로 갈까요?

どの道(みち)で 行(い)きましょうか?

도노 미치데 이키마쇼우카

A: 지름길로 가 주세요.

近道で 行ってください。
치카미치데 잇테쿠다사이

여기서 세워 주세요.

ここで 止めていただけませんか。
코코데 토메테이타다케마셍카

얼마예요?

いくらですか?
이쿠라데스카

영수증을 주세요.

領収書を ください。
료–슈–쇼오 쿠다사이

핵심문장 익히기

- 트렁크를 열어 주세요.

  トランクを 開けてください。
  도란쿠오 아케테쿠다사이

- 서둘러 주세요.

  急いでください。
  이소이데 쿠다사이

- 여기서 기다려 주세요.

  ここで 待っていてください。
  코코데 맛테이테쿠다사이

- 택시를 불러 주세요.

  タクシーを 呼(よ)んで いただけますか。

  타쿠시–오 용데 이타다케마스카

- 거스름돈을 주세요.

  おつりを ください。

  오쯔리오 쿠다사이

- 거스름돈은 됐어요.

  おつりは 結構(けっこう)です。

  오쯔리와 켓코–데스

- 거스름돈이 틀립니다.

  おつりが間違(まちが)っています。

  오쯔리가 마치갓테이마스

Unit 03. 버스

❶ 시내버스 / 시외버스

바꿔 말하기

이것은 일반버스 입니다.

これは 一般(いっぱん)バス です。

코레와 (잇팡바스)데스

버스 종류 1

일반버스 一般(いっぱん)バス 잇팡바스 	트롤리버스 トロリーバス 트로리–바스 
이층버스 二階建(にがいだて)バス 니가이다테바스 	소형버스 マイクロバス 마이쿠로바스 

▶ 버스표를 구입할 때

A: 오사카에 가는 제일 빠른 버스는 몇 시에 있나요?

大阪(おおさか)に 行(い)く 一番(いちばん) 早(はや)い バスは 何時(なんじ)に ありますか?

오–사카니 이쿠 이치방 하야이 바스와 낭지니 아리마스카

B: 2시에 있어요.

二時(にじ)に あります。

니지니 아리마스

A: (일반버스) 표 2장 주세요.

(一般(いっぱん)バス) 切符(きっぷ) 二枚(にまい) ください。

(잇팡바스) 킷푸 니마이 쿠다사이

B: 보험에 가입하시겠어요?

保険(ほけん)に 加入(かにゅう)しますか?

호켕니 가뉴시마스카

A: 네, 가입할게요.

はい、加入(かにゅう)します。

하이, 카뉴–시마스

아니요, 필요 없어요.

いいえ、必要(ひつよう)ありません。

이이에, 히쯔요–아리마셍

핵심문장 익히기

- 어디에서 버스카드를 사나요?

  どこで バスカードを 買(か)いますか?

  도코데 바스카–도오 카이마스카

- 어디에서 버스카드를 충전하나요?

  どこで バスカードを チャージしますか?

  도코데 바스카–도오 차–지시마스카

- ~에 가려면 몇 번 버스를 타야 하나요?

  ~に 行(い)くには どのバスに 乗(の)ればいいですか?

  ~니 이쿠니와 도노바스니 노레바이이데스카

- 이 버스는 ~에 갑니까?

  このバスは ~に 行(い)きますか?

  코노바스와 ~니 이키마스카

• ~에 가는 표 주세요.

~に 行く 切符を いただけますか。

~니 이쿠 킷푸오 이타다케마스카

• ~까지 가는 데 시간이 얼마나 걸리나요?

~まで どれくらい かかりますか?

~마데 도레쿠라이 카카리마스카

• ~에 가려면 갈아타야 하나요?

~に 行くには、どこで 乗り換えたら いいですか?

~니 이쿠니와, 도코데 노리카에타라 이이데스카

• ~에 도착하면 알려 주세요.

~に 着いたら、教えて いただけますか。

~니 쯔이타라, 오시에테 이타다케마스카

• 여기에서 내려요.

ここで 降ります。

코코데 오리마스

• 대기실이 어디인가요?

待合室は どこですか?

마치아이시쯔와 도코데스카

• 이 버스는 고속도로로 가나요?

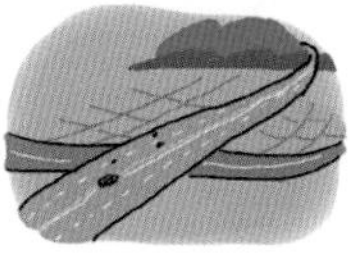

このバスは 高速道路に 行きますか?

코노바스와 코-소쿠도-로니 이키마스카

• 직행버스인가요?

ちょっこう
直行バスですか?
촛코-바스데스카

핵심 단어

고속버스 こうそく **高速バス** 코-소쿠바스		직행버스 ちょっこう **直行バス** 촛코-바스
매일 まいにち **毎日** 마이니치	격일 かくじつ **隔日** 카쿠지쯔	수시로 ずいじ **随時** 즈이지

❷ 관광버스 투어

바꿔 말하기

당일치기 관광버스 투어 있나요?

ひがえ　かんこう
日帰り 観光バス ツアーが ありますか?
(히가에리) 캉코-바스 쯔아-가 아리마스카

기간

반나절 はんにち **半日** 항니치 	당일치기 ひがえ **日帰り** 히가에리 
2일 ふつか **二日** 후쯔카 	3일 みっか **三日** 맛카 

바꿔말하기

오전 관광버스 투어 있나요?

午前(ごぜん) 観光(かんこう)バス ツアーが ありますか?

(고젱) 캉코–바스쯔아가 아리마스카

시간

오전 **午前**(ごぜん) 고젱 	오후 **午後**(ごご) 고고 

▶ 관광버스 투어를 문의할 때

A: 오늘 관광투어 할 수 있나요?

今日(きょう) 観光(かんこう)バス ツアーに参加(さんか)できますか?

쿄– 캉코–바스쯔아–니 상카데키마스카

B: 네, 할 수 있습니다.

はい、できます。

하이, 데키마스

A: (당일치기) 관광버스 투어 있나요?

(日帰り(ひがえり)) 観光(かんこう)バス ツアーは ありますか?

(히가에리) 캉코–바스쯔아–와 아리마스카

B: 네, 투어에 참가하시겠습니까?

はい、ツアーに参加(さんか)しますか?

하이, 쯔아–니 상카시마스카

A: 네 투어에 참가하고 싶어요.

はい、ツアーに参加(さんか)したいです。

하이, 쯔아-니 상카시타이데스

B: 어떤 투어에 참가하시겠어요?

どんな ツアーに 参加(さんか)しますか?

돈나 쯔아-니 상카시마스카

A: 시내관광을 하고 싶어요.

市内観光(しないかんこう)を したいです。

시나이캉코-오 시타이데스

핵심문장 익히기

• 야간 관광버스 투어 있나요?

夜間(やかん) 観光(かんこう)バス ツアーは ありますか?

야캉 캉코우바스 쯔아-와 아리마스카

• 어디 가는 투어인가요? *장소를 물어볼 때

どこに行(い)くツアーですか?

도코니 이쿠 쯔아-데스카

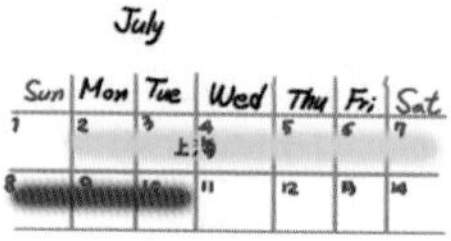

• 일정을 알려 주세요.

日程(にってい)を教(おし)えていただけませんか。

닛테이오 오시에테 이타다케마셍카

• 신청은 어디에서 하나요?

申(もう)し込(こ)みはどこでしますか?

모-시코미와 도코데시마스카

- 언제 출발하나요?

  いつ 出発(しゅっぱつ)しますか?

  이츠 슛파쯔시마스카

- 출발은 어디에서 하나요?

  出発(しゅっぱつ)は どこからしますか?

  슛파쯔와 도코카라시마스카

- 몇 시에 출발하나요?

  何時(なんじ)に 出発(しゅっぱつ)しますか?

  낭지니 슛파쯔시마스카

- 몇 시에 돌아오나요?

  何時(なんじ)に 帰(かえ)りますか?

  낭지니 카에리마스카

- 얼마나 걸리나요?

  どのぐらい かかりますか?

  도노구라이 카카리마스카

- 식사가 포함되나요?

  ご飯(はん)は 含(ふく)まれますか?

  고항와 후쿠마레마스카

- 요금은 얼마인가요?

  料金(りょうきん)は いくらですか?

  료-킹와 이쿠라데스카

• 한국인 가이드는 있나요?

韓国人(かんこくじん)の ガイドさんは いますか?

캉코쿠징노 가이도상와 이마스카

버스 안에서

• 여기에서 얼마나 머무나요?

ここで どれくらい 泊(と)まるんですか?

코코데 도레쿠라이 토마룽데스카

• 자유시간은 있나요?

フリータイムは ありますか?

후리타이무와 아리마스카

• 몇 시까지 버스로 와야 하나요?

何時(なんじ)まで バスに 来(こ)なければなりませんか?

난지마데 바스니 코나케레바나리마셍카

Unit 04. 지하철

바꿔 말하기

이것은 1호선 입니다.

ここは 一号線(いちごうせん) です。

코코와 (이치고-셍)데스

지하철 노선

1호선 一号線(いちごうせん) 이치고-셍	2호선 二号線(にごうせん) 니고-셍	3호선 三号線(さんごうせん) 산고-셍
4호선 四号線(よんごうせん) 용고-셍	5호선 五号線(ごごうせん) 고고-셍	6호선 六号線(ろくごうせん) 로쿠고-셍
7호선 七号線(ななごうせん) 나나고-셍	8호선 八号線(はちごうせん) 하치고-셍	9호선 九号線(きゅうごうせん) 큐-고-셍

핵심문장 익히기

- 지하철 노선도는 어디에 있나요?

  地下鉄(ちかてつ)の 路線図(ろせんず)は どこに ありますか?

  치가테쯔노 로셍즈와 도꼬니 아리마스카

- 지하철 노선도 있나요?

  地下鉄(ちかてつ)の 路線図(ろせんず)ありますか?

  치카테쯔노 로셍즈아리마스카

- 자동매표기는 어디 있나요?

  自動券売機(じどうけんばいき)はどこにありますか?

  지도-켕바이키와 도코니 아리마스카

- 자동매표기를 어떻게 이용하나요?

  自動券売機(じどうけんばいき)は どうやって利用(りよう)しますか?

  지도-켕바이키와 도-테얏 리요-시마스카

- ~까지 얼마예요?

  ~まで いくらですか?

  ~마데 이쿠라데스카

- ~가려면 몇 호선을 타야 하나요?

  ~行(い)くなら 何号線(なんごうせん)に 乗(の)ればいいですか?

  ~이쿠나라 낭고-센니 노레바이이데스카

- ~에 가는 지하철 맞나요?

  ~に 行(い)く 地下鉄(ちかてつ)ですか?

  ~니 이쿠 치카테쯔데스카

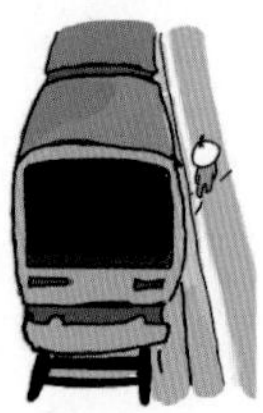

- ~에 가려면 어디에서 내려야 하나요?

  ~に行(い)くなら どこで降(お)りたらいいですか?

  ~니 이쿠나라 도코데 오리타라이이데스카

- ~에 가려면 몇 번 출구로 나가면 되나요?

  ~に行(い)くなら 何番(なんばん) 出口(でぐち)でを 出(で)たらいいですか?

  ~니 이쿠나라 낭방 데구치데오 데타라이-데스카

- ~에 가려면 어느 쪽에서 타야 하나요?

  ~に行(い)くなら どっちに 乗(の)ればいいですか?

  ~니 이쿠나라 돗치니 노레바 이-데스카

- 표를 잃어 버렸어요.

  切符(きっぷ) を なくしました。

  킷푸오 나쿠시마시타

- 첫차 / 막차는 몇 시인가요?

  始発(しはつ) / 終車(しゅうしゃ)は 何時(なんじ)ですか?

  시하쯔 / 슈-샤와 낭지데스카

Unit 05. 열차

❶ 열차 시간표

平成27年12月1日 改正

津軽鉄道 時刻表

【△印は日・祝運休。☆印はストーブ列車（第151・152列車はストーブ列車運行日注意）】

JR青森駅発						6:00		*8:10 9:06		10:37	12:40	*13:54		16:45	17:29	18:24
JR弘前駅発			5:41			6:33		*8:50 9:28		11:08	13:06	*14:35		17:06	18:03	19:10
JR五所川原駅 着時刻	鰺ケ沢方面行		6:26			7:18		*9:27 10:15		11:57	13:54	*15:12		17:52	18:49	19:56
	弘前方面行		6:31			7:58		9:31	11:22	*12:12	13:19		16:10	*17:49	18:53	20:01
下り 津軽中里行	駅名＼列車番号	51	53	1	251	3	151	5	153	7	155	9	11	13	15	17
	津軽五所川原	金木駅始発	6:35	7:08	金木駅始発	8:10	☆9:20	10:22	☆11:40	12:45	☆14:10	15:16	16:50	18:00	19:00	20:10
	十川		6:37	7:10		8:12	☆9:23	10:24	☆11:43	12:47	☆14:13	15:18	16:52	18:02	19:02	20:12
	五農校前		6:40	7:13		8:16	☆9:28	10:27	☆11:48	12:50	☆14:18	15:21	16:56	18:06	19:06	20:16
	津軽飯詰		6:43	7:16		8:19	☆9:31	10:30	☆11:51	12:53	☆14:21	15:24	16:58	18:08	19:08	20:18
	毘沙門		↓	7:20		8:23	↓	10:34	↓	12:57	↓	15:28	17:03	18:13	19:13	20:23
	嘉瀬		6:50	7:24		8:27	☆9:41	10:38	☆12:01	13:01	☆14:31	15:32	17:07	18:17	19:17	20:27
	金木【着】		6:53	7:28		8:31	☆9:46	10:42	☆12:06	13:05	☆14:36	15:36	17:11	18:21	19:21	20:31
	金木【発】	5:25	6:55	7:30	△8:12	8:45	☆9:50	10:45	☆12:10	13:09	☆14:40	15:39	17:14	18:24	19:24	20:34
	芦野公園	5:27	6:57	7:33	△8:14	8:48	☆9:53	10:47	☆12:14	13:11	☆14:44	15:41	17:17	18:27	19:27	20:37
	川倉	↓	↓	7:36	↓	8:51	↓	10:50	☆12:17	13:14	☆14:47	15:44	17:19	18:29	19:29	20:39
	大沢内	5:32	7:02	7:39	△8:19	8:54	☆9:59	10:53	☆12:21	13:17	☆14:51	15:47	17:23	18:33	19:33	20:43
	深郷田	↓	↓	7:41	↓	8:57	↓	10:56	☆12:24	13:20	☆14:54	15:50	17:25	18:35	19:35	20:45
	津軽中里	5:36	7:06	7:44	△8:23	8:59	☆10:05	10:58	☆12:28	13:22	☆14:58	15:52	17:28	18:38	19:38	20:48

上り 津軽五所川原行	駅名＼列車番号	2	4	202	6	8	152	10	154	12	156	102	14	52	54	56
	津軽中里	5:50	7:15	△7:52	8:30	9:35	☆10:26	11:55	☆12:50	14:24	☆15:22	16:55	18:08	19:08	20:21	20:55
	深郷田	5:53	7:18	△7:54	8:33	9:37	☆10:29	11:57	☆12:53	14:26	↓	16:59	18:11	19:11	↓	↓
	大沢内	5:55	7:20	△7:57	8:35	9:40	☆10:32	12:00	☆12:56	14:29	☆15:28	17:02	18:13	19:13	20:25	20:59
	川倉	5:58	7:23	△8:00	8:38	9:43	☆10:36	12:03	☆13:00	14:32	↓	17:05	18:16	19:16	↓	↓
	芦野公園	6:01	7:26	△8:03	8:41	9:46	☆10:40	12:06	☆13:04	14:35	☆15:34	17:09	18:19	19:19	20:29	21:03
	金木【着】	6:04	7:29	△8:05	8:44	9:48	☆10:43	12:08	☆13:07	14:37	☆15:37	17:12	18:22	19:22	20:32	21:06
	金木【発】	6:06	7:32	金木駅止り	8:46	9:51	☆10:47	12:11	☆13:11	14:41	☆15:40	17:15	18:25	19:25	20:35	金木駅止り
	嘉瀬	6:10	7:36		8:50	9:54	☆10:52	12:15	☆13:16	14:45	☆15:45	17:20	18:28	19:28	20:38	
	毘沙門	6:13	7:40		8:54	9:58	↓	12:19	↓	14:49	↓	17:25	18:32	↓	↓	
	津軽飯詰	6:18	7:44		8:58	10:02	☆11:01	12:23	☆13:25	14:53	☆15:55	17:31	18:36	19:35	20:45	
	五農校前	6:20	7:47		9:01	10:05	☆11:04	12:25	☆13:28	14:55	☆15:58	17:33	18:39	19:38	20:48	
	十川	6:23	7:50		9:04	10:08	☆11:09	12:28	☆13:33	14:58	☆16:02	17:38	18:42	19:41	20:51	
	津軽五所川原	6:26	7:53		9:06	10:10	☆11:13	12:31	☆13:37	15:01	☆16:06	17:41	18:44	19:43	20:53	
JR五所川原駅 発時刻	鰺ケ沢方面行	6:32	7:59		*9:32	10:16	12:13		13:55	*15:15		17:53	18:54	20:03 20:40	22:06	
	弘前方面行	6:40 7:32	8:02		9:36		11:23 *12:14	13:20			16:11	*17:53	18:54	20:02	22:06	
JR弘前駅着		7:31 8:24	8:54		10:32		12:09 *12:52	14:06			17:01	*18:31	19:40	20:51	22:52	
JR新青森駅着		7:41 8:44	9:18		11:03		12:26 *13:25	14:29			17:32	19:01 *19:22	19:57	21:38		
JR新青森駅 新幹線 発時刻		8:37	9:52		11:52		12:39 13:52	14:38			17:44	19:44	20:40仙台止	21:47盛岡止		
JR青森駅着		7:49 8:51	9:25		11:14		12:33 *13:35	14:35			17:43	19:12 *19:29	20:04	21:52		

お問い合せ（市外局番 0173）
津軽五所川原駅 35-7743
運転室 35-8844
金木駅 53-2056
JR五所川原駅 34-5366
津軽中里駅 57-2050

핵심문장 익히기

- 열차 시간표 어디에 있나요?

  列車時刻表(れっしゃじこくひょう)は どこに ありますか?

  렛샤지코쿠효-와 도코니 아리마스카

- 열차 시간표 주세요.

  列車時刻表(れっしゃじこくひょう) ください。

  렛샤지코쿠효-쿠다사이

❷ 열차표 예약, 구입

1. 열차표 예약

바꿔 말하기

매표소 는 어디 있나요?

きっぷうりば
切符売場 は どこに ありますか?
(킷푸우리바)와 도코니 아리마스카

열차 대합실

매표소 きっぷうりば **切符売場** 킷푸우리바 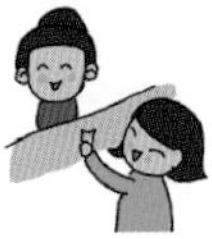	외국인 전용 매표소 がいこくじんせんよう きっぷうりば **外国人専用 切符売場** 가이코쿠징 셍요– 킷푸우리바 
짐 보관소 にもつほかんじょ **荷物保管所** 니모쯔 호칸죠 	대기실 まちあいしつ **待合室** 마치아이시쯔 
화장실 てあら **お手洗い / トイレ** 오테아라이 / 토이레 	안내소 **インフォメーション** 잉포메–숑 
열차 플랫폼 れっしゃ **列車プラットホーム** 렛샤 푸랏토호–무 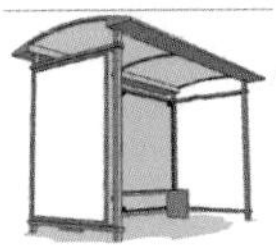	

2. 열차표 구입

바꿔말하기

14일, 오후 2시, 나고야 가는 열차표 2장 주세요.

じゅうよっか　ごごにじ　なごや　い　れっしゃきっぷ　にまい
14日、午後二時、名古屋に 行く 列車切符 二枚ください。

(쥬–욧카, 고고 니지, 나고야니 이쿠 렛샤킷부 니마이) 쿠다사이

열차 종류

신칸센 しんかんせん **新幹線** 싱캉셍 	도큐(특급) とっきゅう **特急** 톳큐– 	큐코(급행) きゅうこう **急行** 큐–코– 
카이소쿠(쾌속) かいそく **快速** 카이소쿠 	후쯔우(보통) ふつう **普通** 후쯔우 	침대특급 열차 しんだいとっきゅう **寝台特急** 신다이 톳큐

객차 등급

특급석 とっきゅうせき **特急席** 톳큐–세키	일반석 いっぱんせき **一般席** 잇팡세키	입석 たちせき **立席** 타치세키

기타

JR **ジェーアール** 제–아–루	공항급행 きゅうこう **急行** 큐–코–	레일패스 **レールパス** 레–루파스
열차번호 れっしゃばんごう **列車番号** 렛샤방고–	편도 かたみち **片道** 카타미치	왕복 おうふく **往復** 오–후쿠

▶ 열차표를 구입할 때

A: 도쿄 가는 열차가 몇 시에 있나요?

とうきょう　い　れっしゃ　なんじ
東京へ 行く 列車は 何時に ありますか?

토–쿄–헤 이쿠 렛샤와 난지니 아리마스카

B: 14일 오후 2시, 일등석 자리만 있습니다.

じゅうよっか　ごごにじ　いっとうせき
１４日 午後二時、一等席だけあります。

쥬–욧카 고고 니지, 잇토–세키다케 아리마스

A: (14일, 오후 2시, 도쿄 가는 열차표 2장) 주세요.

じゅうよっか　ごごにじ　とうきょう　い　きっぷ　にまい
(１４日 午後二時、東京へ行く 切符二枚) ください。

(쥬–욧카 고고 니지, 토–쿄–헤 이쿠 킷푸 니마이) 쿠다사이

핵심 단어

도착지 とうちゃくち 到着地 토–챠쿠치	날짜 ひづけ 日付 히즈케	열차번호 れっしゃばんごう 列車番号 렛샤 방고–
침대 しんだい 寝台 싱다이	인원 じんいん 人員 징잉	열차표 れっしゃきっぷ 列車切符 렛샤 킷푸

핵심문장 익히기

- 대합실은 어기에 있나요?

  まちあいしつ
  待合室は どこにありますか?

  마치아이시쯔와 도코니 아리마스카

- 오사카행은 어디에서 타나요?

  大阪(おおさか) 行(い)きは どこで 乗(の)りますか?

  오–사카 이키와 도코데 노리마스카

- 이 열차가 오사카행인가요?

  この 列車(れっしゃ)は 大阪(おおさか) 行(い)きですか?

  코노 렛샤와 오–사카이키데스카

- 환불창구가 어디에 있나요?

  払(はら)い戻(もど)し 窓口(まどぐち)は どこに ありますか?

  하라이 모도시 마도구치와 도코니 아리마스카

- 이 열차표를 환불해 주세요.

  この 切符(きっぷ)を払(はら)い戻(もど)しして頂(いただ)けますか。

  코노 킷푸오 하라이 모도시시테 이타다케마스카

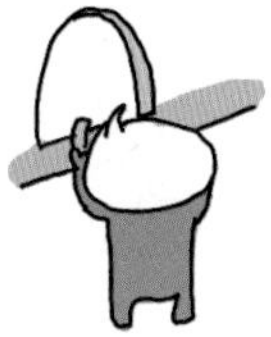

열차 티켓

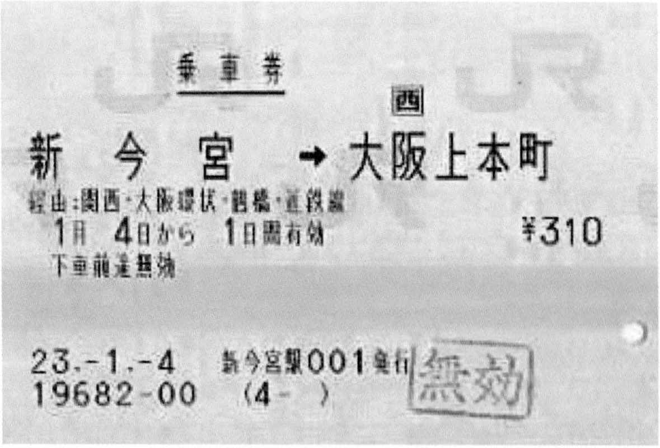

❸ 열차 안에서

바꿔 말하기

식당칸 이 어디에 있나요?

食堂車(しょくどうしゃ) はどこですか?

(쇼쿠도–샤)와 도코데스카

객차

승무원 乗務員(じょうむいん) 죠–무잉 	식당칸 食堂車(しょくどうしゃ) 쇼쿠도–샤 	화장실 トイレ 토이레 

▶ 열차표를 바꿀 때

A: 무엇을 도와드릴까요?

何(なに)か お困(こま)りですか?

나니카 오코마리데스카

B: 일등석으로 자리를 바꿀 수 있나요?

一等席(いっとうせき) に 交換(こうかん)できますか?

잇토–세키니 코–캉데키마스카

A: 네 가능합니다. / 아니요, 싫습니다.

はい、できます。/ いいえ、それはちょっと。

하이, 데키마스 / 이이에, 소레와 촛토

B: 추가 비용이 얼마인가요?

追加費用(ついかひよう)は いくらですか?

쯔이카 히요우와 이쿠라데스카

A: 2000엔입니다.

に せん えん
2000円です。

니센엔데스

핵심문장 익히기

- 여기 빈자리인가요?

  くうせき
  ここは 空席ですか?

  코코와 쿠–세키데스카

- 여기는 제 자리예요.

  わたし　せき
  ここは 私の 席です。

  코코와 와타시노 세키데스

- 자리 좀 바꿔 주세요.

  せき　こうかん
  席を 交換して いただけますか。

  세키오 코–캉시테 이타다케마스카

- 표를 좀 바꿔 주세요.

  きっぷ　か
  切符を 替えてください。

  킷푸오 카에테쿠다사이

- 빈 좌석이 있는지 알아보려면 어디로 가야 하나요?

  くうせき　かくにん　い
  空席が あるか 確認するには、どこに行ったらいいですか?

  쿠–세키가 아루가 카쿠닝스루니와, 도코니 잇타라 이이데스카

• 입석 승차권을 구입했는데요. 빈 좌석이 있나요?

たちせき　こうにゅう　くうせき
立席を 購入したのですが、空席が ありますか?

타치세키오 코–뉴–시타노데스가, 쿠–세키가 아리마스카

• 식당칸을 좌석으로 이용할 수 있을까요?

しょくどうしゃ　せき　りよう
食堂車を 席として 利用できますか?

쇼쿠도–샤오 세키토시테 리요우데키마스카

• 연장해서 더 가고 싶은데 표를 바꿀 수 있나요?

えんちょう　い　きっぷ　こうかん
延長してもっと 行きたいのですが、切符を 交換することができますか?

엥쵸–시테못토 이키다이노데스가, 킷푸오 코–캉스루코토가 데키마스카

승무원에게 문의

• 나고야행은 어디에서 내리나요?

なごや　い　お
名古屋 行きは どこで 降りますか?

나고야이키와 도코데 오리마스카

• 벳부행은 어디에서 갈아타나요?

べっぷ　い　の　か
別府 行きはどこで乗り換えますか?

벳푸이키와 도코데 노리카에마스카

• 열차가 얼마 동안 정차하나요?

れっしゃ　ていしゃ
列車は どれくらい 停車しますか?

렛샤와 도레쿠라이 테이샤시마스카

• 하차역을 지나쳤는데 어떻게 해야 하나요?

げしゃえき　の　す
下車駅で乗り過ごしてしまった のですが、どうしたら いいですか?

게샤에키데 노리스고시테시맛타노데스가, 도우시타라 이이데스카

- 식당칸은 어디에 있나요?

  しょくどうしゃ
  食堂車は どこですか?

  쇼쿠도-샤와 도코데스카

표를 잃어버렸을 때

- 표를 보여 주세요.

  きっぷ　み
  切符を見せてください。

  킷푸오 미세테 쿠다사이

- 네, 여기 있습니다.

  はい、ここに あります。

  하이, 코코니 아리마스

- 표를 잃어버렸습니다.

  きっぷ
  切符を なくしてしまいました。

  킷푸오 나쿠시테시마이마시타

- 어디에서 타셨어요?

  の
  どこから 乗りましたか?

  도코카라 노리마시타카

- ~에서 탔습니다.

  の
  ~から 乗りました。

  ~카라 노리마시타

Unit 06. 비행기

❶ 비행기표 예약, 확인, 변경, 취소

바꿔 말하기

왕복 입니다.

往復(おうふく) です。

(오–후쿠) 데스

비행기표

비행기표 航空(こうくう)チケット 코–쿠–치켓토  	국내 国内(こくない) 코쿠나이 	국외 海外(かいがい) 카이가이 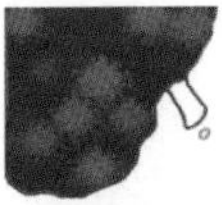
편도 片道(かたみち) 카타미치 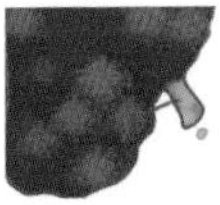	왕복 往復(おうふく) 오–후쿠 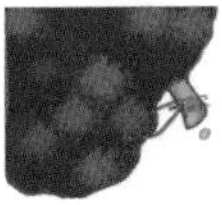	경유 経由(けいゆ) 케–유 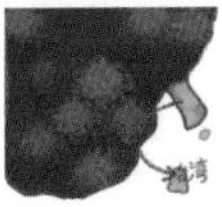
출발 도시 出発(しゅっぱつ) 都市(とし) 슛파츠 토시	목적 도시 目的(もくてき) 都市(とし) 모쿠테키 토시	출발 날짜 出発日(しゅっぱつび) 슛파쯔비
출발 시간 出発(しゅっぱつ) 時間(じかん) 슛파츠 지캉	돌아오는 날짜 帰(かえ)りの日付(ひづけ) 카에리노히즈케	돌아오는 날 시간 帰(かえ)りの時間(じかん) 카에리노지캉
좌석 등급 座席(ざせき) 等級(とうきゅう) 자세키 도–큐–		

▶ 전화 또는 방문 예약

A: 무엇을 도와드릴까요?

何(なに)かお手伝(てつだ)お困(こま)りでしょうか?

나니가 오테쯔다오코마리데쇼–카

B: 항공권을 예매하려고 하는데요.

航空券(こうくうけん)を予約(よやく)したいです。

코–쿠–겡오 요야쿠시타이데스

A: 어디로 가는 항공권을 원하시나요?

どこに 行(い)く 航空券(こうくうけん)をご希望(きぼう)でしょうか?

도코니 이쿠 코–쿠–켕오 고키보–데쇼–카

B: 북해도요.

北海道(ほっかいどう)です。

홋카이도–데스

A: 언제 출발하는 걸 원하세요?

いつ 出発(しゅっぱつ)するものをご希望(きぼう)でしょうか?

이츠 슛파츠스루모노오 고키보–데쇼–카

B: 14일 오전 비행기요.

１４日(じゅうよっか)の午前(ごぜん)の飛行機(ひこうき)でお願(ねが)いたします。

쥬–욧카노 고젠노 히코–키데 오네가이이타시마스

얼마예요?

いくらですか?

이쿠라데스카

A: 공항세 유류세 모두 포함해 5000엔입니다.

空港税(くうこうぜい)と燃油(ねんゆ)サーチャージみで五千円(ごせんえん)です。

쿠–코–제이토 넹유세–차–지미데 고셍엔데스

영문 이름을 알려주세요.

えいご　なまえ　なん
英語の名前は何とおっしゃいますか?
에이고노 나마에와 낭도 옷샤이마스카

B: 성은 HONG이고, 이름은 GILDONG입니다.

し　なまえ
氏はHONGで、名前はGILDONGです。
시와 홍데, 나마에와 길동데스

A: 예약되었습니다.

よやく　と
ご予約お取りしました。
고요야쿠 오토리시마시타

핵심문장 익히기

- 매표소가 어디 있나요?

  きっぷうりば
  切符売場はどこにありますか?
  킷푸우리바와 도코니 아리마스카

- 항공시간표 있나요?

  こうくうじかんひょう
  航空時間表ありますか?
  코–쿠지캉효–아리마스카

▶ 예약 확인

A: 예약을 확인하려고요.

よやく　かくにん
予約を確認したいです。
요야쿠오 카쿠닝시타이데스

제 이름은 홍길동이에요.

わたし　な まえ
私の名前は HONG GILDONGです。

와타시노 나마에와 홍길동데스

14일 2시 비행기예요.

じゅうよっ か　に じ　ひ こう き
１４日 二時の飛行機です。

쥬–욧카 니지노 히코–키데스

비행기 편명은 XX입니다.

ひ こう き　びんめい
飛行機の便名はXXです。

히코기노 핑메이와 xx데스

B: 예약 확인되었습니다.

よ やくかくにん
予約確認しました。

요야쿠 카쿠닝시마시타

예약 명단에 손님의 이름이 없습니다.

よ やく　きゃくさま　な まえ
予約リストに お客様の 名前が ありません。

요야쿠리스토니 오캬쿠사마노 나마에가 아리마셍

A: 네, 감사합니다.

はい、ありがとうございます。

하이, 아리가토우코자이마스

그럼, 저는 어떻게 해야 하나요?

わたし
では、私はどうすればいいですか?

데와, 와타시와 도–스레바 이–데스카

▶ 변경, 취소

A: 예약을 변경(취소)해 주세요.

よ やく　へんこう
予約を変更 / キャンセルしてください。
요야쿠오 행코– / 캬세루시테쿠다사이

B: 예약을 변경(취소)할 수 없습니다.

よ やく　へんこう
予約を変更 / キャンセルはできません。
요야구오 헹코– / 캬세루와 데키마셍

예약을 취소하면 위약금을 물어야 합니다.

よ やく　　　　　　　　　い やくきん　はら
予約をキャンセルすると違約金を払わなければなりません。
요야쿠오 캬세루스루토 이야쿠킹오 하라와나케레바나리마셍

❷ 비행기 체크인과 탑승

바꿔 말하기

국내선 데스크 가 어디인가요?

こくないせん
国内線 デスク はどこですか?
(코쿠나이셍 데스쿠)와 도코데스카

공항

국제선 데스크	국내선 데스크	탑승 대기소
こくさいせん 国際線 デスク 코쿠사이셍 데스쿠 	こくないせん 国内線 デスク 코쿠나이셍 데스쿠 	とうじょうまちあいしつ 搭乗待合室 도우죠–마치아이시쯔 

▶ 매표소에서

A: 항공권과 여권을 주세요.

航空券と パスポートを見せてください。

코–쿠–켕토 파스포–토오 미세테 쿠다사이

B: 창가 자리(통로) 자리로 주세요.

窓側の席 / 通路の席に してください。

마도가와노 세키 / 쯔–로노 세키니 시테쿠다사이

짐을 부쳐 주세요.

荷物を送ってください。

니모쯔오 오쿳테 쿠다사이

A: 짐의 무게가 초과해서 초과운임을 내야 합니다.

荷物重量が超過して超過 運賃を払わなければなりません。

니모쯔 쥬–료–가 쵸–카시테 쵸–카웅칭오 하라와나케레바나리마셍

B: 초과운임이 얼마입니까?

超過 運賃はいくらですか?

쵸–카 웅칭와 이쿠라데스카

A: 초과운임은 2000엔입니다.

超過 運賃は二千円です。

쵸–카 웅칭와 니셍엔데스

B: 비행기는 예정대로 출발하나요?

飛行機は予定どおりに 出発しますか?

히코–키와 요테이도오리니 슛파츠시마스카

탑승 시간은 몇 시인가요?

搭乗時間は何時ですか?

토–죠–지캉와 낭지데스카

몇 번 탑승구로 나가야 하나요?

なんばん　とうじょうくち　い
何番の 搭乗口行けば いいですか?
낭방노 토-죠-쿠치이케바 이-데스카

핵심문장 익히기

결항, 비행기 놓쳤을 때

• 후쿠오카로 가는 비행기를 놓쳤어요.

ふくおか　い　ひこうき　の　そこ
福岡に行く飛行機を 乗り損ねました。
후쿠오카니 이쿠 히코-키오 노리소코네마시타

• 후쿠오카로 가는 비행기가 결항됐어요.

ふくおか　い　ひこうき　けっこう
福岡に行く飛行機が欠航に なりました。
후쿠오카니 이쿠 히코-키가 켓코-니 나리마시타

• 다음 비행기는 언제예요?

つぎ　ひこうき
次の 飛行機はいつですか?
쯔기노 히코-키와 이쯔데스카

• 얼마나 기다려야 하나요?

ま
どれくらい待たなければなりませんか?
도레쿠라이 마타나케레바나리마셍카

Unit 07. 여객선

바꿔 말하기

1등석 표 한 장 주세요.

いっとうせき　きっぷ いちまい
一等席 切符一枚ください。

(잇토–세키) 킷푸 이치마이 쿠다사이

좌석 등급

1등석 いっとうせき 一等席 잇토–세키	2등석 に とうせき 二等席 니토–세키
3등석 さんとうせき 三等席 산토–세키	VIP석 せき VIP席 브이아루피세키

핵심 단어

선명(배이름) せんめい 船名 센메이	출항일 しゅっこうにち 出航日 슛코–니치
목적지 もくてき ち 目的地 모쿠테키치	좌석 등급 ざ せきとうきゅう 座席等級 자세키토–큐–

핵심문장 익히기

- 요금이 얼마인가요?
  料金(りょうきん)はいくらですか?
  료-킨와 이쿠라데스카

- ~에 가는 배는 언제 출항하나요?
  ~に行(い)く船(ふね)はいつ 出航(しゅっこう)しますか?
  ~니 이쿠 후네와 이쯔 슛코-시마스카

- ~로 가는 배의 하선은 언제인가요?
  ~に行(い)く船(ふね)の下船(げせん)はいつですか?
  ~니 이쿠 후네노 게셍와 이쯔데스카

- ~로 가는 배는 어디에서 승선하나요?
  ~に行(い)く船(ふね)はどこで 乗船(じょうせん)しますか?
  ~니 이쿠 후네와 도꼬데 죠-센시마스카

- 멀미약 파는 곳이 있나요?
  酔(よ)い止(ど)め売(う)ってるところがありますか?
  요이도메 웃테토코루가 아리마스카

- 유람선을 어디에서 타나요?
  遊覧船(ゆうらんせん)はどこで乗(の)りますか?
  유-란셍와 도코데 노리마스카

Unit 08. 렌터카

바꿔말하기

스포츠카 를 빌리고 싶어요.

スポーツカー を借(か)りたいです。

(스포–츠카–)오 카리타이데스

자동차의 종류 - 크기

중형차

中型車(ちゅうがたしゃ)

츄–가타샤

소형차

小型車(こがたしゃ)

코가타샤

대형차

大型車(おおがたしゃ)

오–가타샤

스포츠카

スポーツカー

스포–츠카

▶ 렌터카를 대여할 때

A: 렌터카를 빌리려고 하는데요.

レンタカーを借(か)りようと思(おも)います。

렝타카–오 카리요우토 오모이마스

렌터카를 예약하려고 하는데요.

レンタカーを予約(よやく)しようと思(おも)います。

렝타카–오 요야쿠시요우토 오모이 마스

B: 어떤 종류의 차를 원하세요?

どんな種類(しゅるい)の車(くるま)をご希望(きぼう)ですか?

돈나 슈루이노 쿠루마오 고키보–데스카

A: (대형차)를 빌리고 싶어요.

おおがたしゃ　か
(大型車)を 借りたいです。

(오-가카샤)오 카리다이데스

렌터카 목록을 보여 주세요.

み
レンタカーのリストを見せてください。

렝타카-노 리스토오 미세테 쿠다사이

이 차로 할게요.

くるま
この車にします。

코노 쿠루마니 시마스

하루 요금은 얼마지요?

ついたち
一日いくらですか?

쯔이타치 이쿠라데스카

B: 기사 딸려서 20000엔입니다.

うんてんしゅ ふく　に まんえん
運転手含めて二万円です。

웅텐슈 후쿠메테 니망엔데스

A: 보증금은 얼마예요?

ほ しょうきん
保証金はいくらですか?

호쇼킹와 이쿠라데스카

B: 보증금은 5000엔입니다.

ほ しょうきん　ご せんえん
保証金は五千円です。

호쇼-킹와 고셍엔데스

A: 혹시 국제 면허증을 가지고 있는데 직접 운전할 수 있나요?

こくさいうんてんめんきょしょう　も　ちょくせつうんてん
国際運転免許証を持ってるのですが、直接運転できますか?

코쿠사이 웅텐멩쿄쇼-오 못테 루노데스가, 쵸쿠세쯔 웅텡 데키마스카

B: 네, 할 수 있습니다.

はい、できます。
하이, 데키마스

핵심문장 익히기

• 이것이 제 국제 면허증입니다.
これは私(わたし)の国際(こくさい) 免許証(めんきょしょう)です。
코레와 와타시노 코쿠사이 멩쿄쇼-데스

• 이것이 제 국내 면허증입니다.
これは私(わたし)の国内(こくない) 免許証(めんきょしょう)です。
코레와 와타시노 코쿠나이 멩쿄쇼-데스

• 도로 지도를 주세요.
ロードマップをください。
로-도맛푸오 쿠다사이

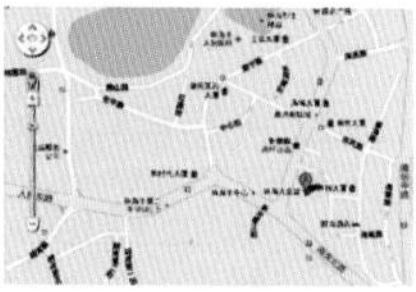

• 배터리가 떨어졌어요.
電池(でんち)が なくなりました。
덴치가 나쿠나리마시타

• 타이어가 펑크 났어요.
タイヤがパンクしました。
타이야가 팡쿠시마시타

- 엔진의 시동이 안 걸려요.

  エンジンの掛(かか)りが悪(わる)いです。

  엥징노 가가리가 와루이데스

- 브레이크가 안 돼요.

  ブレーキが利(き)かないです。

  푸레–키가 키카나이데스

- 기름이 떨어졌어요.

  油(あぶら)が切(き)れました。

  하부라가 키레마시타

- 기름을 채워 주세요.

  油(あぶら)を満(まん)タンにしてください。

  하부라오 망탕니시테 쿠다사이

- 정비사를 불러 주세요.

  整備士(せいびし)を呼(よ)んでください。

  세이피시오 용데 쿠다사이

- 가속페달이 잘 작동되지 않아요.

  アクセル・ペダルがうまく効(き)きません。

  아쿠세루 페다루가 우마쿠 키키마셍

- 엔진작동이 안 돼요.

  エンジン作動(さどう) しません。

  엥징 사도–시마셍

- 여기 주차할 수 있나요?

  ここに車(くるま)を停(と)めてもいいですか?

  코코니 쿠루마오 토메테모 이이데스카

- 여기에서 얼마나 주차할 수 있나요?

  ここにどれくらい駐車(ちゅうしゃ)できますか?

  코코니 도레쿠라이 츄-샤 데키마스카

- 근처에 주유소가 있나요?

  近所(きんじょ)にガソリンスタンドがありますか?

  킹죠니 가소링스탕도가 아리마스카

- 차를 점검해 주세요.

  車(くるま)を点検(てんけん)してください。

  쿠루마오 텐켄시테 쿠다사이

- 긴급시 연락처는 어디인가요?

  緊急(きんきゅう)の際(さい)にはどこへ連絡(れんらく)したらいいですか?

  킹큐-노사이니와 도코헤 렝라쿠시타라 이이데스카

핵심 단어

서행 徐行(じょこう) 죠코-		일시정지 一時停止(いちじていし) 이치지테이시		추월금지 追越禁止(おいこしきんし) 오이코시킨시	
제한속도 制限速度(せいげんそくど) 세이겐소쿠도		일방통행 一方通行(いっぽうつうこう) 잇포-츠-코-		주차금지 駐車禁止(ちゅうしゃきんし) 츄-샤킨시	

우측통행 右側通行(うそくつうこう) 우소쿠쯔-코- 	진입금지 進入禁止(しんにゅうきんし) 신뉴-킨시 	유턴금지 Uターン禁止(きんし) 유탄킨시 
낙석도로 落石道路(らくせきどうろ) 라쿠세키도-로 	어린이 보호구역 スクールゾーン 스쿠-루존 	

Chapter 03 관광

Unit 01. 장소 묻기

바꿔말하기

관광 안내소 가 어디에 있나요?

りょこうあんないじょ
旅行案内所 は どこですか?
(료코– 안나이죠)와 도코데스카

근처에 매표소 가 있나요?

ちか　うりば
近くに 売場 が ありますか?
치카쿠니 (우리바)가 아리마스카

놀거리

번화가 はんかがい 繁華街 한카가이 	극장 げきじょう 劇場 게키죠 	수영장 プール 푸–루 
영화관 えいがかん 映画館 에이가칸 	놀이동산 ゆうえんち 遊園地 유–엥치 	스키장 じょう スキー場 스키–죠– 
노래방 カラオケ 카라오케 	사우나 サウナ 사우나 	나이트클럽 ナイトクラブ 나이토쿠라브 
동물원 どうぶつえん 動物園 도–부쯔엥 	식물원 しょくぶつえん 植物園 쇼쿠부츠엔 	

편의시설, 공공시설

세탁소	クリーニング屋(や)	쿠리-닝구야	
PC방	インターネットカフェ	인타-넷토카페	
목욕탕	銭湯(せんとう)	센토-	
마사지 샵	マッサージ屋(や)	맛사-지야	
발 마사지 샵	足(あし)マッサージ屋(や)	아시맛사-지야	
화장실	お手洗(てあら)い / トイレ	오테아라이 / 토이레	
은행	銀行(ぎんこう)	긴코우	
약국	薬局(やっきょく)	약쿄쿠	
병원	病院(びょういん)	뵤-잉	
우체국	郵便局(ゆうびんきょく)	유-빈쿄쿠	
소방서	消防署(しょうぼうしょ)	쇼-보-쇼	
경찰서	警察署(けいさつしょ)	케이사츠쇼	
도서관	図書館(としょかん)	토쇼칸	
국무원	国務院(こくむいん)	코쿠무잉	
영사관	領事館(りょうじかん)	료-지캉	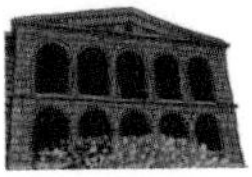
현금지급기(ATM)	エイティーエム	에이티-에무	
백화점	百貨店(ひゃっかてん)	햣카텡	
관광 안내소	観光案内所(かんこうあんないじょ)	칸코-안나이죠	
매표소	切符売場(きっぷうりば)	킷푸우리바	

핵심문장 익히기

- 가까워요?

  ちか
  近いですか?
  치가이데스카

- 멀어요?

  とお
  遠いですか?
  토오이데스카

Unit 02. 관광지에서

❶ 일본의 대표 관광지

바꿔말하기

도쿄타워 에 가고 싶어요.

とうきょう　　　　い
東京タワー に行きたいです。

(토–쿄타와–)니 이키타이데스

에노시마 는 어디 있나요?

え　しま
江の島 はどこですか?

(에노시마와) 도코데스카

일본 대표 관광지

하라주쿠 はらじゅく 原宿 하라쥬쿠 	도쿄타워 とうきょう 東京タワー 토우쿄–타와– 

신주쿠 しんじゅく **新宿** 신쥬쿠 	오다이바 だいば **お台場** 오다이바 
에노시마 え しま **江の島** 에노시마 	아사쿠사 あさくさ **浅草** 아사쿠사 
디즈니랜드 **ディズニーランド** 디즈니–란도 	시부야 しぶ や **渋谷** 시부야 
에비스 え び す **恵比寿** 에비스 	우에노 うえ の **上野** 우에노 
후지산 ふ じ さん **富士山** 후지상 	하코네 はこ ね **箱根** 하코네 
후지큐 하이랜드 ふ じ きゅう **富士急ハイランド** 후지큐하이란도 	요코하마 よこはま **横浜** 요코하마 
오사카성 おおさかじょう **大阪城** 오–사카죠– 	도톤보리 どうとんぼり **道頓堀** 도–톤보리 
유니버셜스튜디오 **ユニバーサルスタジオ** 유니바–사루스타즈오 	우메다 うめ だ **梅田** 우메다 
나라공원(사슴공원) な ら こうえん **奈良公園** 나라코–엔 	도다이지 とうだい じ **東大寺** 토–다이지 

킨카쿠지 きんかくじ **金閣寺** 킨카쿠지 	기요미즈데라 きよみずでら **清水寺** 키요미즈데라 
고베 포트타워 こうべ **神戸ポートタワー** 코우베포–토타와– 	하버랜드 **ハーバーランド** 하–바–란도 
기타노이진칸 きたの いじんかん **北野異人館** 키타노이진칸 	하우스텐보스 **ハウステンボス** 하우스텐보스 
벳부 지옥온천 べっぷ じごくおんせん **別府地獄温泉** 벳부지고쿠온센 	유후인 긴린코호수 ゆふいんきんりんこ **由布院金鱗湖** 유후인킨린코 
다자이후 だざいふ **大宰府** 다자이후 	모모치해변 かいひん **ももち海浜** 모모치카이힝 
나카스야타이 なかす やたい **中洲屋台** 나카스야타이 	아소산 あそさん **阿蘇山** 아소상 
오타루운하 おたるうんが **小樽運河** 오타루운가 	삿포로 さっぽろ **札幌** 삿포로 
후라노 ふらの **富良野** 후라노 	비에이 びえい **美瑛** 비에– 
하코다테 はこだて **函館** 하코다테 	나가사키 ながさき **長崎** 나가사키 

데지마 でじま 出島 데지마 	사세보 させぼ 佐世保 사세보 
나하 なは 那覇 나하 	아메리칸 빌리지 アメリカンビレッジ 아메리칸비렛지 

핵심문장 익히기

- 이곳에서 가볼 만한 명소를 소개해 주세요.
  ここで一番(いちばん)良(い)い名所(めいしょ)を紹介(しょうかい)してください。
  코코데 이치방 이이 메이쇼오 쇼–카이시테 쿠다사이

- 이곳에서 꼭 가봐야 할 곳은 어딘가요?
  ここで必(かなら)ず行(い)くべきところはどこですか?
  코코데 카나라즈 이쿠베키토코로와 도코데스카

❷ 매표소에서

바꿔말하기

학생 입장권 1장 주세요.

がくせい　にゅうじょうけんいちまい
学生 入場券一枚ください。

(갓세–) 뉴–죠–켕 이치마이 쿠다사이

가운데 자리 영화표 주세요.

ま　なかせき　えいが
真ん中席 の映画チケットください。

(망나카 세키) 노에이가치켓토 쿠다사이

학생 2장 공연표 주세요.

がくせい　にまい　こうえん
学生 二枚 公演のチケットください。

(갓세– 니마이) 코–엥노 치켓토 쿠다사이

학생 은 할인되나요?

がくせい　わりびき
学生 は 割引に なりますか?

(갓세–)와 와리비키니 나리마스카

어른 おとな 大人 오토나 	학생 がくせい 学生 갓세– 	단체 だんたい 団体 당타이 
노인 ろうじん 老人 로–징 	유아 ようじ 幼児 요–지 	입장권 세트  にゅうじょうけん 入場券 セット 뉴–죠–켕 셋토
가운데 자리 ま　なか　せき 真ん中の席 망나카노 세키 	가장자리 はし 端 하시 	케이블 승차권 じょうしゃけん ケーブル乗車券 케–부루 죠–샤켕 

▶ 표를 구입할 때

A: 표 있나요?

切符(きっぷ)ありますか?

킷푸 아리마스카

B: 있어요.

あります。

아리마스

매진되었어요.

売(う)り切(き)れました。

우리키레마시타

A: (학생)은 할인되나요?

(学生(がくせい))は 割引(わりびき)できますか?

(갓세–)와 와리비키데키마스카

B: 네, 할인됩니다. 학생증을 보여 주세요.

はい、割引(わりびき)できます。学生証(がくせいしょう)を見(み)せてください。

하이, 와리비키데키마스. 갓세–쇼–오 미세테쿠다사이

A: 여기 있어요.

ここにあります。

코코니 아리마스

입장료는 얼마인가요?

入場料(にゅうじょうりょう)はいくらですか?

뉴–죠–료–와 이쿠라데스카

B: 2500엔입니다.

二千五百円(にせんごひゃくえん)です。

니셍고햐쿠엥데스

A: (학생) 입장권 1장 주세요.

がくせい　にゅうじょうけんいちまい
(学生) 入場券一枚ください。

(갓세-) 뉴-죠-켕 이치마이 쿠다사이

핵심문장 익히기

- 짐을 어디에 맡기나요?

  にもつ　あず
  荷物はどこに預けるのですか?

  니모쯔와 도코니 아즈케루노데스카

- 무슨 요일에 휴관합니까?

  なんようび　きゅうかん
  何曜日に休館しますか?

  낭요이비니 큐-캉시마스카

- 개장 시간(폐장 시간)은 언제인가요?

  かいじょうじかん　へいじょうじかん　なんじ
  開場時間 / 閉場時間は 何時ですか?

  카이죠-지캉 / 헤이죠-지캉와 낭지데스카

- 자동안내 번역기를 어디에서 빌리나요?

  じどうあんないほんやくき　か
  自動案内翻訳機はどこで借りますか?

  지도-앙나이 홍야쿠키와 도코데 카리마스카

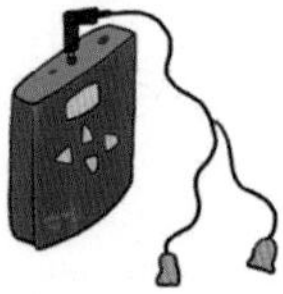

- 자동안내 번역기를 빌리고 싶어요.

  じどうあんないほんやくき　か
  自動案内翻訳機を借りたいです。

  지도우 앙나이 홍야쿠키오 카리타이데스

- 어디에서 관광 유람차를 타나요?

  どこで観光(かんこう) 遊覧車(ゆうらんしゃ)に乗(の)りますか?

  도코데 캉코– 유–랑샤니 노리마스카

- 화장실이 어디에 있나요?

  トイレはどこにありますか?

  토이레와 도코니 아리마스카

핵심 단어		
유료(무료) 주차 有料(ゆうりょう) / 無料(むりょう)駐車(ちゅうしゃ) 유–료– / 무료– 츄–샤	주차비 駐車料(ちゅうしゃりょう) 츄–샤–료–	화장실 이용 トイレ利用(りよう) 토이레리요–

❸ 관광지에서

1. 명칭 묻기

바꿔 말하기

이 / 저 산 의 이름은 무엇입니까?

この / あの 山(やま) の名前(なまえ)は何(なん)ですか?

코노 / 아노 (야마)노 나마에와 낭데스카

자연물		
산 山(やま) 야마 	강 川(かわ) 카와 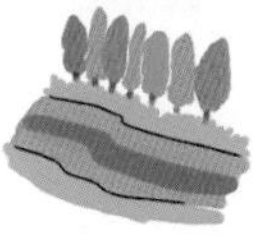	호수 湖(みずうみ) 미즈–미 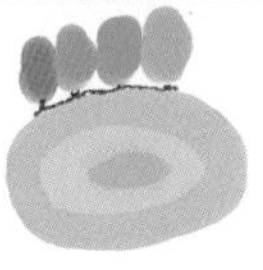

저수지 ちょすいち **貯水池** 죠스이치 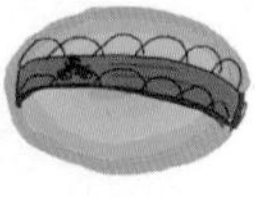	연못 いけ **池** 이케 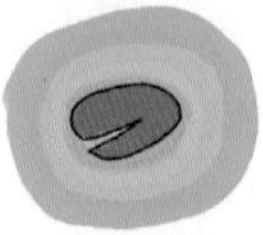	바다 うみ **海** 우미 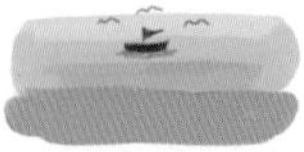
습지 しっち **湿地** 싯치 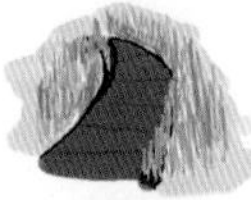	협곡 きょうこく **峡谷** 교-코쿠 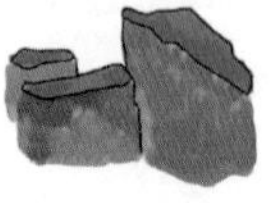	해안 かいがん **海岸** 카이간 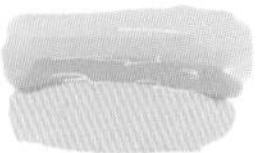
동굴 どうくつ **洞窟** 도-쿠츠 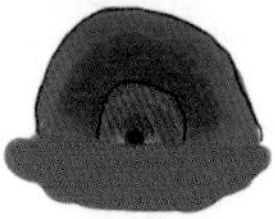	섬 しま **島** 시마 	삼림 もり **森** 모리 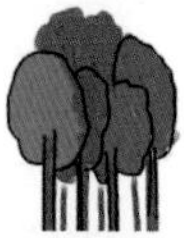
초원 そうげん **草原** 소-겐 	사막 さばく **砂漠** 사바쿠 	폭포 たき **滝** 타키 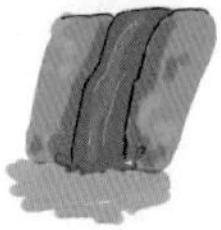

인공 자연물

분수 ふんすい **噴水** 훈스이 	공원 こうえん **公園** 코우엔 
댐 **ダム** 다무 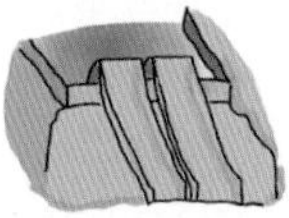	정원 にわ **庭** 니와 

유적

장성 ちょうじょう **長城** 쵸-죠- 	명승지 めいしょうち **名勝地** 메이쇼-치 	
유적지 いせき **遺跡** 이세키 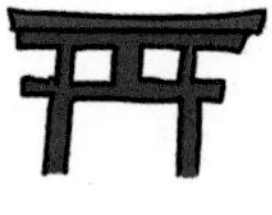	성 しろ **城** 시로 	석불 いしぼとけ **石仏** 이시보토케 

불상 ぶつぞう 仏像 부쯔조– 	사찰 じいん 寺院 지잉 	탑 とう 塔 토– 
무덤 はか 墓 하카 	문 もん 門 몽 	사당 しんびょう 神廟 싱뵤– 
옛날 집 こみんか 古民家 코밍카 	고궁 こきゅう 古宮 코큐– 	기념비 きねんひ 記念碑 키넹히 
기념관 きねんかん 記念館 키넹칸 	다리 はし 橋 하시 	광장 ひろば 広場 히로바 
성당 せいどう 聖堂 세–도– 	교회 きょうかい 教会 쿄–카이 	박물관 はくぶつかん 博物館 하쿠부츠칸 

미술관 びじゅつかん 美術館 비쥬츠칸 	건물 たてもの 建物 타테모노 
대학 だいがく 大学 다이가쿠 	이슬람 사원 じいん イスラム寺院 이스라무지잉 

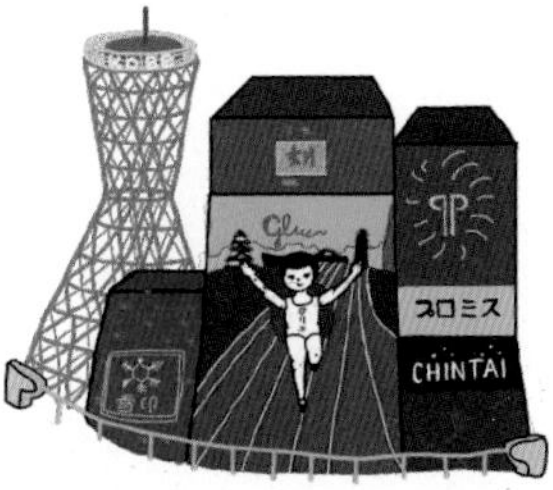

2. 규모 묻기

바꿔말하기

높이 가 어떻게 되나요?

だか
高さ がどのくらいですか?

(다카사)가 도노쿠라이 데스카

규모	
길이 なが 長さ 나가사 	넓이 ひろ 広さ 히로사 
무게 おも 重さ 오모사 	크기 おお 大きさ 오-키사 

핵심문장 익히기

- 이것의 이름은 무엇인가요?

  なまえ　なん
  これの名前は何ですか?

  코레노 나마에와 낭데스카

- 저것의 이름은 무엇인가요?

  なまえ　なん
  あれの名前は何ですか?

  아레노 나마에와 낭데스카

- 누가 여기서 살았나요?

  だれ　く
  誰がここで暮らしていましたか?

  다레가 코코데 쿠라시테이마시타카

- 언제 만들어졌나요?

  いつ作(つく)られましたか?

  이쯔쯔쿠라레마시타카

- 가장 유명한 것은 무엇입니까?

  いちばん有名(ゆうめい)なものは何(なん)ですか?

  이치방 유-메이나 모노와 낭데스카

- 어디에 쓰는 물건인가요?

  何(なに)に 使(つか)われた物(もの)ですか?

  나니니 쯔카와레다모노데스카

- 퍼레이드는 언제 시작하나요?

  パレードはいつから始(はじ)まりますか?

  파레-도와 이쯔카라 하지마리마스카

핵심 단어

출입금지 立(た)ち入(い)り禁止(きんし) 타치이리킹시 	접근금지 接近禁止(せっきんきんし) 셋킹킹시 	금연 禁煙(きんえん) 킹엥 
조용히 하세요 静(しず)かにしてください 시즈카니시테쿠다사이 	손대지 마세요 手(て)で触(さわ)らないでください 테데 사와나라이데 쿠타사이 	
들어가지 마세요 入(はい)らないでください 하이라나이데쿠다사이 	사진 촬영 금지 写真撮影禁止(しゃしんさつえいきんし) 샤싱사쯔에이 킹시 	

❹ 사진 촬영

바꿔말하기

이것은 전원 스위치 입니다.

これは 電源(でんげん)スイッチ です。

코레와 (뎅겡 스잇치) 데스

사진기 명칭

① 전원 스위치 電源(でんげん)スイッチ 뎅겡 스잇치	② 셔터 버튼 シャッターボタン 샷타–보탕	③ 셀프타이머 セルフタイマー 세루후타이마–
④ 내장 플래쉬 内臓(ないぞう)フラッシュ 나이조– 후랏슈		⑤ 렌즈 レンズ 렌즈

▸ 사진 촬영을 부탁할 때

A: 실례지만, 사진 좀 찍어 주시겠어요?

すみません、写真(しゃしん)を撮(と)ってもらえますか?

스미마셍, 샤싱오 톳테모라에마스카

B: 어느 버튼을 누르면 되나요?

どのボタンを押(お)せばいいですか?

도노 보탕오 오세바이이데스카

A: 여기 누르면 돼요.

ここを押(お)すとできます。

코코오 오스토데키마스

한 장 더 부탁드려요.

もう一枚(いちまい)お願(ねが)いいたします。

모우 이치마이 오네가이이타시마스

감사합니다.

ありがとうございます。

아리가토우고자이마스

▸ 사진 촬영을 허락받을 때

A: 당신의 사진을 찍어도 될까요?

あなたの写真(しゃしん)を撮(と)ってもいいですか?

아나타노 샤싱오 톳데모이이데스카

B: 좋아요, 찍으세요.

いいですよ。撮(と)ってください。

이이데스요. 톳테쿠다사이

미안해요, 바빠서요.

すみません。ちょっと忙しくて。

스마마셍. 촛토 이소가시쿠테

A: 사진을 보내 드릴게요.

写真を送りいたします。

샤싱오 오쿠리이타시마스

(이메일 주소)를 적어 주세요.

(メールアドレス)を書いていただけますか。

(메–루아도레스)오 카이테이타다케마스카

핵심문장 익히기

- 여기에서 사진 찍어도 되나요?

  ここで写真を 撮ってもいいですか?

  코코데 샤싱오 톳테모이이데스카

- 여기에서 플래시를 터뜨려도 되나요?

  ここでフラッシュをたいてもいいですか?

  코코데 후랏슈오 타이테모 이이데스카

- 여기에서 비디오 촬영해도 되나요?

  ここでらビデオ撮影してもいいですか?

  코코데 비데오 사츠에이시테모 이이데스카

- 함께 사진 찍으시겠어요?

  一緒に写真を撮りましょうか?

  잇쇼니 샤싱오 토리마쇼우카

❺ 박물관에서

바꿔 말하기

어느 시대의 **유물** 인가요?

どの時代(じだい)の **遺物(いぶつ)** ですか?

도노 지다이노 (이부쯔)데스카

박물관

유물 遺物(いぶつ) 이부쯔 	도자기 陶器(とうき) 토-키 
화석 化石(かせき) 카세키 	공룡 恐竜(きょうりゅう) 쿄-류- 

핵심문장 익히기

- 여기는 어떤 전시실인가요?

  ここはどんな展示室(てんじしつ)ですか?

  코코와 동나 텡시시쯔데스카

- 이것은 어디에 쓰는 물건인가요?

  これはどこに使用(しよう)する物(もの)ですか?

  코레와 도코니 시요우스루 모노 데스카

- 이것의 이름은 무엇인가요?

  これの名前(なまえ)は何(なん)ですか?

  코레노 나마에와 낭데스카

- 입구는 어디인가요?

  いりぐち
  入口はどこですか?
  이리구치와 도코데스카

- 출구는 어디인가요?

  でぐち
  出口はどこですか?
  데구치와 도코데스카

❻ 일본 볼거리(예술, 공연)

바꿔말하기

가부키공연 하는 곳이 있나요?

かぶきこうえん
歌舞伎公演 するところがありますか?

(카부키코-엥)스루토코로가 아리마스카

가부키공연 かぶきこうえん 歌舞伎公演 카부키코-엥 	노공연 のうこうえん 能公演 노-코-엥 	분라쿠 ぶんらく 文楽 붕라쿠 
우키요에 파는곳 うきよえうば 浮世絵売り場 우키요에 우리바 	불꽃축제 はなびまつ 花火祭り 하나비마츠리 	간다마츠리 かんだまつ 神田祭り 캉다마츠리 
기온마츠리 ぎおんまつ 祇園祭り 기옹마츠리 	텐진마츠리 てんじんまつ 天神祭り 텡징마츠리 	사쿠라마츠리 さくらまつ 桜祭り 사쿠라마츠리 
마츠리 まつ 祭り 마츠리 	콘서트 コンサート 콩사-토 	뮤지컬 ミュージカル 뮤-지카루 

연극	클래식 연주	오케스트라
えんげき **演劇** 엥게키 	えんそう **クラシック演奏** 쿠라싯쿠엥쇼– 	**オーケストラ** 오–케스토라 

핵심문장 익히기

- 누가 출연하나요?

  しゅつえん
  だれが出演しますか?
  다레가 슈쯔엥시마스카

- 어떤 장르인가요?

  どんなジャンルですか?
  동나 쟝루데스카

- 공연의 내용을 알고 싶어요.

  こうえん ないよう し
  公演の内容を知りたいです。
  코–엥노 나이요우오 시리타이데스

- 저는 뮤지컬을 좋아하는데 어디가 유명한가요?

  す ゆうめい
  わたしは ミュージカルが好きなのですが、どこが有名ですか?
  와타시와 뮤–지카루가스키나노데스가 도코가 유–메이데스카

❼ 스포츠

바꿔말하기

저는 볼링 을 좋아해요.

わたしは ボウリング が好(す)きです。

와타시와 (보우링쿠)가 스키데스

암벽등반 을 하고 싶어요.

ロッククライミング をしたいです。

(롯쿠구라이밍구)오 시타이 데스

활강 하는 곳은 어디인가요?

ダウンヒル するところはどこですか?

(다왕히루)스루토코로와 도코데스카

배드민턴 시합을 보고 싶어요.

バドミントン の試合(しあい)を見(み)たいです。

(바도밍통) 노시아이오 미타이데스

스포츠 종목

볼링 ボウリング 보우링구 	암벽등반 ロッククライミング 롯쿠구라이밍구 
활강 ダウンヒル 다웅히루 	수상그네 水上(すいじょう) ブランコ 스이죠–푸랑코 
페러글라이딩 パラグライダー 파라구라이다– 	번지점프 バンジージャンプ 반지–챤푸 

낚시 さかなつ 魚釣り 사카나쯔리 	인공 암벽 フリークライミング 후리–쿠라이밍구 
바둑 い ご 囲碁 이고 	카레이싱 カーレーシング 카–레–싱구 
윈드서핑 ウインドサーフィン 우잉도사–힌 	골프 ゴルフ 고루후 
테니스 テニス 테니스 	스키 スキー 스키– 
태극권 たいきょくけん 太極拳 타이쿄쿠켄 	소림무술 ぶ じゅつ 武術 부쥬쯔 
승마 じょう ば 乗馬 죠–바 	축구 サッカー 삿카– 
배구 バレーボール 바레–보–루 	야구 や きゅう 野球 야큐– 
농구 バスケットボール 바스켓토보–루 	탁구 たっきゅう 卓球 탓큐– 
검술 けんどう 剣道 켄도우 	수영 すいえい 水泳 스이에이 

경마 競馬(けいば) 케이바 	권투 ボクシング 보쿠싱구 
태권도 テコンドー 테콩도– 	검도 剣道(けんどう) 켄도우 
무에타이 ムエタイ 무에타이 	격투기 格闘技(かくとうぎ) 카쿠토–키 
씨름 韓国(かんこく)の相撲(すもう) / シルム 칸코쿠노스모우 / 씨루무 	당구 ビリヤード 비리야–도 
배드민턴 バドミントン 바도민통 	럭비 ラグビー 라구비– 
스쿼시 スカッシュ 스캇슈 	아이스하키 アイスホッケー 아이스홋케– 
핸드볼 ハンドボール 한도보–루 	등산 登山(とざん) 토장 
인라인 스케이트 インラインスケート 인라인스케–토 	보트 ボート 보–토 
사이클 サイクル 사이쿠루 	요가 ヨガ 요가 

스카이다이빙
スカイダイビング
스카이다이빙구

행글라이더
ハンググライダー
항구구라이다–

피겨스케이트
フィギュアスケート
히규아스케–토

롤러스케이트
ローラースケート
로–라–스케–토

양궁
アーチェリー
아–체리–

스노클링
シュノーケリング
슈노–케링구

스쿠버다이빙
スキューバダイビング
스큐–바다이빙구
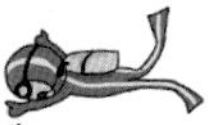

해머던지기
ハンマー投(な)げ
항마–나게

멀리뛰기
走(はし)り幅跳(はばと)び
하시리하바토비

창던지기
槍投(やりな)げ
야리나게

마라톤
マラソン
마라송

펜싱
フェンシング
휀싱구

쿵푸
カンフー
캉후–

합기도
合気道(あいきどう)
아이키도–

공수도
空手(からて)
카라테

레슬링
レスリング
레스링구

스모
相撲(すもう)
스모–

줄넘기
縄飛(なわと)び
나와토비

뜀틀 跳馬(ちょうば) 쵸–바 	에어로빅 エアロビクス 에아로비쿠스 
아령 ダンベル 당베루 	역도 重量挙(じゅうりょうあ)げ 쥬–료–아게 

▶ 좋아하는 운동, 취미

A: 무슨 운동을 좋아하세요?

どんな スポーツが 好(す)きですか?

돈나 스포–츠가 스키데스카

B: 저는 (볼링)을 좋아해요.

私(わたし)は (ボウリング)が すきです。

와타시와 (보우린구)가 스키데스

A: 주말에는 주로 뭐하세요?

週末(しゅうまつ)は 何(なに)を しますか?

슈–마츠와 나니오 시마스카

B: 주말에는 주로 낚시를 하러 가요.

週末(しゅうまつ)は釣(つ)りに行(い)きます。

슈–마쯔와 쯔리니이키마스

A: 배우고 싶은 운동이 있으세요?

習(なら)いたい運動(うんどう)はありますか?

나라이타이 웅도–와 아리마스카

B: (암벽 등반)을 하고 싶어요.

(ロッククライミング)を学(まな)びたいです。

(롯쿠구라이밍구)오 마나비타이데스

핵심문장 익히기

- 어느 팀이 경기합니까?

  どのチームが試合(しあい)を しますか?

  도노 치-무가 시아이오 시마스카

- 예약을 부탁합니다.

  予約(よやく)をお願(ねが)いいたします。

  요야쿠오 오네가이이타시마스

Chapter 04 쇼핑

Unit 01. 상점 찾기

바꿔말하기

백화점 은 어디에 있나요?

デパート はどこにありますか?

(데파–토)와 도코니 아리마스카

상점 이름

재래시장 でんとういちば 伝統市場 덴토–이치바 	기념품 가게 きねんひんてん 記念品店 키넹힝텡 
골동품 가게 こっとうや 骨董屋 콧토–야 	도매시장 おろしうりしじょう 卸売市場 오로시우리시죠– 
쇼핑센터 ショッピングセンター 숏핑구센타– 	면세점 めんぜいてん 免税店 멘제–텡 
편의점 コンビニ 콩비니 	문구점 ぶんぼうぐてん 文房具店 붕보–구텡 
서점 ほんや 本屋 혼야 	미술관 びじゅつかん 美術館 비쥬츠칸 

핵심문장 익히기

- ~을 가려면 어디로 가야 하나요?

  ~に 行(い)くには どこに 行(い)けば いいですか?

  ~니 이쿠니와 도코니 이케바 이이데스카

- 쇼핑할 만한 좋은 곳이 어디인가요?

  どこか買(か)い物(もの)にいくのに良(よ)いところはありますか?

  도코가 카이모노니 이쿠노니 요이 토코로와 아리마스카

- 저렴하게 물건을 살만한 곳이 있나요?

  安(やす)く物(もの)を買(か)えるところがありますか?

  야쿠모노오 카에루 토코로가 아리마스카

- 품질이 좋은 물건을 사려면 어디로 가야 하나요?

  質(しつ)の良(よ)い品物(しなもの)を買(か)うには どこに 行(い)けば いいですか?

  시쯔노 요이 시나모노오 카우니와 도코니 이케바 이–데스카

Unit 02. 물건 구입

바꿔 말하기

셔츠 을/를 사려고 합니다.

シャツ を買(か)いたいと思(おも)います。

(샤츠)오 카이타이토 오모이마스

청바지 는 어디에서 파나요?

ジーパン はどこで売(う)っていますか?

(즈–팡)와 도코데 웃테이마스카

바지 구경 좀 할게요.

ズボン 見(み)て回(まわ)ります。

(즈봉)미테 마와리마스

치마 는 몇 층에 있나요?

スカート は何階(なんかい)にありますか?

(스카–토)와 낭카이니 아리마스카

의류매장

정장 正装(せいそう) 세–소– 	청바지 ジーパン 지–팡 	티셔츠 ティーシャツ 티–샤츠 
원피스 ワンピース 완피–스 	반바지 半(はん)ズボン 한즈본 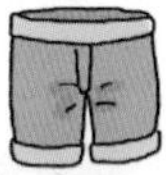	치마 スカート 스카–토 
조끼 ベスト 베스토 	셔츠 シャツ 샤츠 	와이셔츠 ワイシャツ 와이샤츠 

재킷 ジャケット 쟈켓토 	운동복 うんどうぎ 運動着 운도-키 	오리털잠바 ダウンパーカー 다운파-카- 
스웨터 セーター 세-타- 	우의 あまぐ 雨具 아마구 	내복 はだぎ 肌着 하다기 
속옷 したぎ 下着 시타기 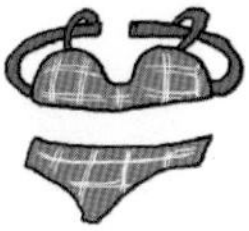	팬티 パンツ 팡츠 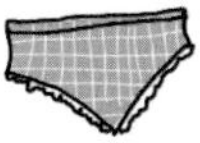	교복 せいふく 制服 세이후쿠 
레이스 レース 레-스 	단추 ボタン 보탄 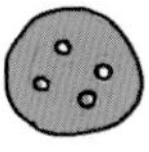	바지 ズボン 즈본 
버클 バックル 박크루 	브래지어 ブラジャー 부라쟈- 	블라우스 ブラウス 부라우스 
소매 そでぐち 袖口 소데구치 	외투 オーバーコート 오-바-코-토 	지퍼 チャック 쟈쿠 
잠옷 パジャマ 파자마 	한복 ハンボク 항보쿠 	키모노 きもの 着物 키모노 

신발, 양말

신발 スニーカー 스니-카- 	운동화 うんどうぐつ 運動靴 운도-구츠 
힐 ヒール 히-루 	부츠 ブーツ 부-츠 

슬리퍼 スリッパ 스릿파 	조리 ぞうり 草履 조-리 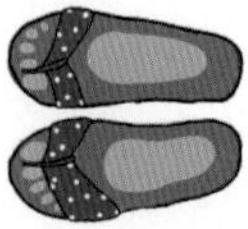
장화 ながぐつ 長靴 나가구쯔 	양말 くつした 靴下 쿠츠시타 
스타킹 ストッキング 스톳킨구 	샌들 サンダル 산다루 

기타 액세사리

모자 ぼうし 帽子 보-시 	가방 かばん 鞄 카방 	머리끈 ゴム 고무 
귀걸이 イヤリング 이야린구 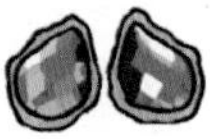	반지 ゆびわ 指輪 유비와 	안경 めがね 眼鏡 메가네 
선글라스 サングラス 산구라스 	지갑 さいふ 財布 사이후 	목도리 マフラー 마후라- 
스카프 スカーフ 스카-후 	손목시계 うでどけい 腕時計 우데도케- 	팔찌 ブレスレット 브레스렛토 
넥타이 ネクタイ 네쿠타이 	벨트 ベルト 베루토 	장갑 てぶくろ 手袋 데부쿠로 
양산 ひがさ 日傘 히가사 	목걸이 ネックレス 넷쿠레스 	브로치 ブローチ 부로-치 

손수건
ハンカチ
한카치
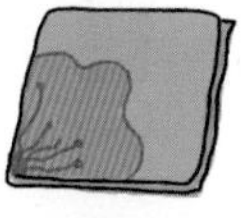

머리핀
ヘアピン
헤아핀

스킨케어류 및 편의점용품

비누
石鹸(せっけん)
셋켄

물티슈
ウェットティッシュ
왓토팃슈

생리대
生理帯(せいりたい)
세이리타이
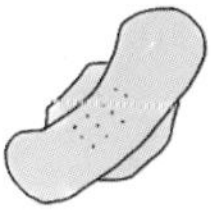

기저귀
オムツ
오무츠

우산
傘(かさ)
카사

담배
タバコ
타바코

라이터
ライター
라이타–
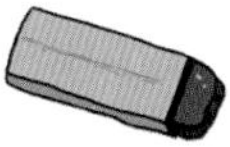

건전지
乾電池(かんでんち)
칸뎅치

쇼핑백
買い物袋(かいものぶくろ)
카이모노후쿠로

종이컵
紙コップ(かみ)
카미콧푸

컵라면
カップラーメン
캇푸라–멘

모기약
殺虫剤(さっちゅうざい)
삿츄–자이

방취제
防臭剤(ぼうしゅうざい)
보–슈–자이

면도크림
シェービングフォーム
셰–빈구호–무

면도날
剃刀(かみそり)
카미소리

스킨
スキン
스킨

로션
ローション
로–숀

썬크림
日焼け止め(ひやけどめ)
히야케도메

샴푸
シャンプー
샹푸–

린스
リンス
린스

치약
歯磨き粉(はみがきこ)
하미가키코

칫솔
歯ブラシ(は)
하부라시

손톱깎이
つめ切り(き)
츠메키리

화장지
トイレットペーパー
토이렛토 페–파–

립스틱
リップスティック
릿푸스틱쿠

비비크림
BBクリーム
비비쿠리-무

파운데이션
ファンデーション
환데-숀

빗
くし
櫛
쿠시
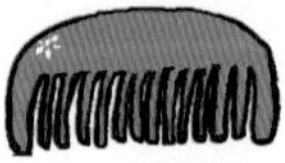

사탕
あめ
飴
아메

껌
ガム
가무

초콜릿
チョコレート
쵸코레-토

아이섀도
アイシャドウ
아이샤도-
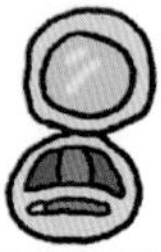

매니큐어
マニキュア
마니큐아

향수
こうすい
香水
코우스이

마스카라
マスカラ
마스카라

파스
サロンパス
사롱파스

카메라
カメラ
카메라

붓
ふで
筆
후데

책
ほん
本
혼

거울
かがみ
鏡
카가미

핸드폰 케이스
けいたいでんわ
携帯電話ケース
케-타이뎅와케-스
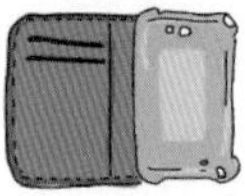

보석

옥
たま
玉
타마

금
きん
金
킨
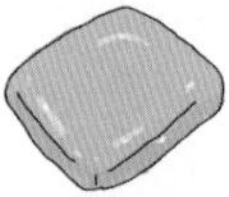

은
ぎん
銀
긴

청동
どう
銅
도우

가넷
ガーネット
가-넷토
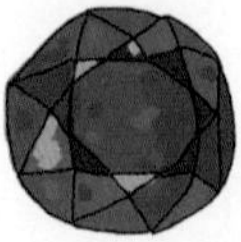

자수정
アメジスト
아메지스토
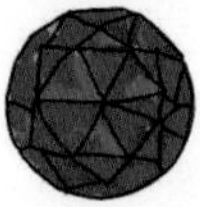

아쿠아마린 アクアマリン 아쿠아마링 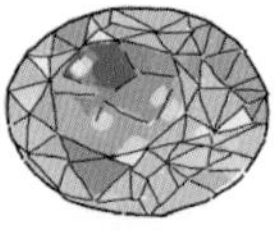	다이아몬드 ダイヤモンド 다이야몬도 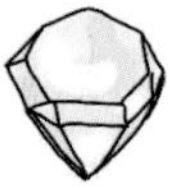
에메랄드 エメラルド 에메라우도 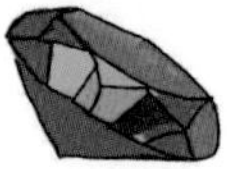	진주 真珠(しんじゅ) 신쥬 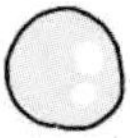
루비 ルビー 루비– 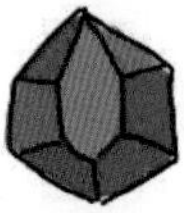	페리도트 ペリドット 페리돗토 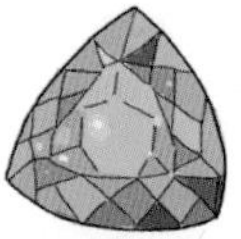
사파이어 サファイア 사화이아 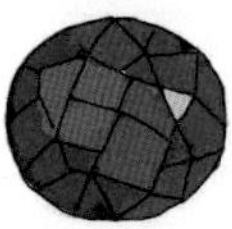	오팔 オパール 오파–루 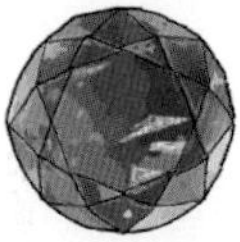
토파즈 トパーズ 토파–즈 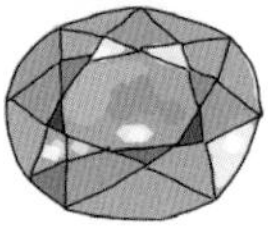	터키석 トルコ石(いし) 토루코이시 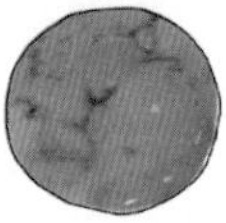

전자제품, 가구

카메라 カメラ 카메라 	노트북 ノートパソコン 노–토파소콘 	컴퓨터 パソコン 파소콩 
핸드폰 携帯電話(けいたいでんわ) 케이타이뎅와 	텔레비전 テレビ 테레비 	

기타

거실용품 リビング用品(ようひん) 리빙구요–힝 	주방용품 キッチン用品(ようひん) 킷칭요–힝 

골프용품 ようひん ゴルフ用品 고루후요–힝 	침구류 しんぐるい 寝具類 싱구루이 
장난감 おもちゃ 玩具 오모챠 	인형 にんぎょう 人形 닝교– 
기념엽서 きねんはがき 記念葉書 키넹하가키 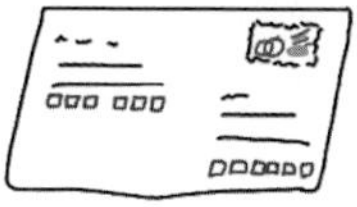	우표 きって 切手 킷테 

▸ 물건을 구입할 때

A: (청바지)는 어디에서 파나요?

　　　　　　　う
(ジーパン)はどこで売っていますか?
(즈–팡)와 도코데 웃테이마스카

B: 2층에서 팝니다.

にかい　う
二階で売っています。
니카이데 웃테이마스

무엇을 도와드릴까요?

なに　　こま
何かお困りですか?
나니카 오코마리데스카

A: (청바지)를 사려고 해요, 구경 좀 할게요.

　　　　　　か
(ジーパン)を 買いたいです。
(즈–팡)오 카이타이데스

B: 편하게 구경하세요.

　　　　　らん
ごゆっくりご覧ください。
코윳쿠리 고랑쿠다사이

핵심문장 익히기

- 이것은 무엇입니까?

  これは何(なん)ですか?

  코레와 낭데스카

- 저것은 무엇입니까?

  あれは何(なん)ですか?

  아레와 낭데스카

- 언제 문을 여나요?

  いつ開店(かいてん)しますか?

  이쯔 카이텐시마스카

- 언제 문을 닫나요?

  いつ閉店(へいてん)しますか?

  이쯔 헤이텐시마스카

Unit 03. 물건 고르기

❶ 물건 찾기

바꿔말하기

다른 종류 를 보여 주세요.

ほかの 種類(しゅるい) を見(み)せてください。

(호카노 슈루이)오 미세테쿠다사이

이것 これ 코레	그것 それ 소레	
저것(화자 청자 모두에게 먼 것을 가리키는 말) あれ 아레	더 화려한 것 もっと 派手(はで)なもの 못토 하데나모노	
더 큰 사이즈 もっと大(おお)きなサイズ 못토 오–키나 사이즈	더 작은 사이즈 もっと小(ちい)さなサイズ 못토 치이사나 사이즈	더 수수한 것 もっと地味(じみ)なもの 못토 지미나모노
유행상품 流行商品(りゅうこうしょうひん) 류–코–쇼–힝	더 무거운 것 もっと 重(おも)いもの 못토 오모이모노	더 가벼운 것 もっと 軽(かる)いもの 못토 카루이모노
더 긴 것 もっと 長(なが)いもの 못토 나가이모노	더 짧은 것 もっと 短(みじか)いもの 못토 미지카이모노	다른 종류 ほかの 種類(しゅるい) 호카노 슈루이
다른 디자인 ほかの デザイン 호카노 데자잉	다른 색깔 ほかの色(いろ) 호카노 이로	더 싼 것 もっと 安(やす)い もの 못토 야스이 모노

더 비싼 것 もっと 高(たか)い もの 못토 타카이 모노	신상품 新商品(しんしょうひん) 신쇼-힝	몇 가지 いくつか 이쿠츠카

❷ 색상

바꿔 말하기

저는 빨간색 을 원합니다.

わたしは 赤色(あかいろ) がほしいです。

와타시와 (아카이로)가 호시이데스

빨간색 赤(あか)い色(いろ) 아카이로	주황색 オレンジ色(いろ) 오렌지이로
노란색 黄色(きいろ) 키이로	초록색 緑色(みどりいろ) 미도리이로
파란색 青色(あおいろ) 아오이로	남색 紺色(こんいろ) 콩이로
보라색 紫色(むらさきいろ) 무라사키이로	상아색 アイボリー色(いろ) 아이보리-이로
황토색 黄土色(おうどいろ) 오-도이로	검은색 黒色(くろいろ) 쿠로이로

회색 はいいろ 灰色 하이이로		흰색 しろいろ 白色 시로이로	
갈색 ちゃいろ 茶色 챠이로		분홍색 いろ ピンク色 핀쿠이로	

❸ 재질

바꿔 말하기

면 제품을 보여 주세요.

めん　せいひん　み
綿 製品を見せてください。

(멩) 세이힝오 미세테 쿠다사이

면 めん 綿 멩	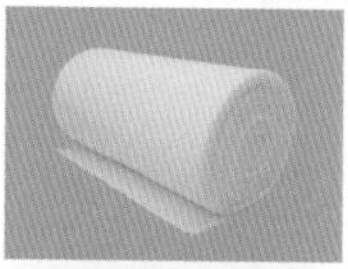	마 あさ 麻 아사	
실크 シルク 시루쿠		울 ウール 우-루	
가죽 かわ 革 카와		폴리에스테르 ポリエステル 포리에스테루	

❹ 착용

바꿔 말하기

입어 봐도 될까요?

着(き)ても いいですか?

(키테모) 이이데스카

입어 봐도 (바지를) 입어봐도 **着(き)ても** **穿(はい)ても** 키테모 하이테모 	신어봐도 **履(は)いてみても** 하이테미테모 	메봐도 **背負(せお)っても** 세옷테모 
먹어 봐도 **食(た)べても** 타베테모 	발라 봐도 **塗(ぬ)っても** 눗테모 	들어 봐도 **持(も)っても** 못테모 
만져 봐도 **触(さわ)っても** 사왓테모 	착용해 봐도 **着用(ちゃくよう)しても** 챠쿠요우시테모 	

▶ 치수, 색상, 재질 등을 물어볼 때

A: (이것) 좀 보여 주세요.

(これ) 見(み)せていただけませんか。

(코레) 미세테 이타다케마셍카

B: 사이즈가 어떻게 되세요?

サイズはどのくらいですか?

사이즈와 도노쿠라이 데스카

A: 제 사이즈는 (S / M / L)예요.

わたしの サイズは(S / M / L)です。
와타시노 사이즈와 (에스 / 에무 / 에루)데스

제 사이즈를 잘 모르겠어요.

わたしのサイズがよく分(わ)かりません。
와타시노 사이즈가 요쿠 와카리마셍

사이즈를 재 주세요.

サイズを測(はか)ってください。
사이즈오 하캇테 쿠다사이

B: 스몰 사이즈 입으시면 되겠네요.

スモールサイズになると思(おも)います。
스모–루 사이즈니 나루토 오모이마스

A: 옷은 어디에서 갈아입죠?

服(ふく)はどこで着替(きが)えますか?
후쿠와 도코데 키가에마스카

B: 탈의실에서 갈아입으세요.

脱衣室(だついしつ)で 着替(きが)えてください。
다쯔이시쯔데 키가에테쿠다사이

A: 저한테 어울리나요?

わたしに似合(にあ)いますか?
와타시니니아이마스카

B: 잘 어울려요.

よくお似合(にあ)いです。
요쿠오니아이데스

A: 이 색깔이 저한테 어울리나요?

この色(いろ)はわたしに似合(にあ)いますか?

코노 이로와 와타시니 니아이마스카

B: 잘 어울려요.

よくお似合(にあ)いです。

요쿠오니아이데스

A: (다른 색깔)을 보여 주세요.

(ほかの色(いろ))を見(み)せてください。

(호카노 이로오) 미세테 쿠다사이

무슨 색깔이 있나요?

どんな色(いろ)がありますか?

동나 이로가 아리마스카

B: 빨간색과 흰색이 있습니다.

赤(あか)い色(いろ)と白(しろ)い色(いろ)があります。

아카이이로토 시로이이로가 아리마스

A: 저는 빨간색을 원합니다.

わたしは 赤(あか)い色(いろ)がいいです。

와타시와 아카이이로가 이이데스

이것의 재질은 무엇입니까?

この 材質(ざいしつ)は何(なん)ですか?

코노 자이시쯔와 낭데스카

B: 이것은 폴리에스테르입니다.

これは ポリエステルです。

코레와 포리에스테루데스

A: (면) 제품을 보여 주세요.

綿(めん)の製品(せいひん)を見(み)せてください。

멩노 세이힝오 미세테 쿠다사이

핵심문장 익히기

• 진품인가요?

本物(ほんもの)ですか?

홍모노데스카

• 필요없어요.

要(い)らないです。

이라나이데스

• 안 사요.

買(か)わないです。

카와나이데스

• 돈이 없어요.

お金(かね)がありません。

오카네가 아리마셍

• 다른 곳 좀 보고 올게요.

ほかの 場所(ばしょ)をちょっと見(み)て来(き)ます。

호카노 바쇼오 춋토 미테키마스

Unit 04. 물건 사기

바꿔 말하기

이것은 1000엔 입니다.

これは 千円(せんえん) です。

코레와 (센엥) 데스

동전

1엔 いちえん 一円 이치엥		5엔 ご えん 五円 고엥	
10엔 じゅうえん 十円 쥬–엥		50엔 ご じゅうえん 五十円 고쥬–엥	
100엔 ひゃくえん 百円 하쿠엥		500엔 ご ひゃくえん 五百円 고햐쿠엥	
1000엔 せんえん 千円 센엥		2000엔 に せんえん 二千円 니센엥	
5000엔 ご せんえん 五千円 고센엥		10000엔 いちまんえん 一万円 이치망엥	

바꿔말하기

50% 할인됩니다.

五十(ごじゅっ) パーセント 割引(わりびき)です。

(고쥿파—센토) 와리비키데스

할인

90% 九十(きゅうじゅっ) パーセント 큐—쥿파—센토	80% 八十(はちじゅっ) パーセント 하치쥿파—센토

70% 七十(しちじゅっ) パーセント 시치쥿파—센토	60% 六十(ろくじゅっ) パーセント 로쿠쥿파—센토	50% 五十(ごじゅっ) パーセント 고쥿파—센토

바꿔말하기

신용카드 로 결제할게요.

クレジットカード で 支払(しはら)います。

(쿠레짓토카—도)데 시하라이마스

결제

여행자수표 トラベラーズチェック 토라베라—즈쳇쿠	현금 現金(げんきん) 겡킹	신용카드 クレジットカード 쿠레짓토카—도

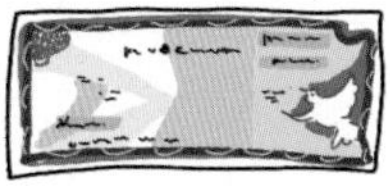

▶ 물건 구매와 흥정

A: 이건 얼마예요?

これは いくらですか?
코레와 이쿠라데스카

B: (1000엔)예요.

せんえん
(千円)です。
(셍엥)데스

A: 얼마나 할인된 가격인가요?

わりびき　　　　かかく
どのくらい 割引された 価格ですか?
도노쿠라이 와리비키사레타 카카쿠데스카

B: (50%)할인된 가격이에요.

ごじゅう　　　　　　わりびき　　　　かかく
(五十 パーセント) 割引された 価格です。
(고쥬–파–센토)와리비키사레타 카카쿠데스

A: 더 깎아 주실 수 없나요?

すこ　やす
もう 少し 安くなりませんか?
모우 스코시 야스쿠나리마셍카

B: 그건 좀 곤란합니다.

こま
それはちょっと困ります。
소레와 촛토 코마리마스

A: 지금 현금이 (990엔)뿐인데 (10엔)만 더 깎아주세요.

いま げんきん　きゅうひゃくきゅうじゅうえん
今 現金が (九百 九 十円)だけですけど、すみませんが、
じゅうえん
(十円)まけてください。
이마 겡킹가 (큐–하쿠큐쥬–엥)다케데스케도, 스미마셍가 (쥬–엥)마케테쿠다사이

B: 알겠습니다.

わかりました。
와카리마시타

A: 감사합니다.

ありがとうございます。
아리가토우코자이마스

핵심문장 익히기

• 이것이 마음에 드네요.

これが気(き)に入(い)りました。
코레가 키니 이리마시타

• 이것으로 주세요.

これでお願(ねが)いします。
코레데 오네가이시마스

계산

• 계산해 주세요.

計算(けいさん)してください。
케이상시테 쿠다사이

• 현금인출기가 어디 있나요?

現金(げんきん)支払(しはら)い機(き)は どこにありますか?
겡킹시하라이키와 도코니 아리마스카

• 영수증 주세요.
りょうしゅうしょ
領収書を ください。
료–슈–쇼오 쿠다사이

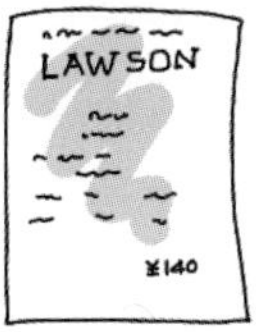

포장

• 이것은 다른 사람에게 줄 선물이에요.
ひと
これはほかの人に あげるプレゼントです。
코레와 호카노 히토니 아게루 프레젠토데스

• 따로따로 포장해주세요.
べつべつ　ほうそう
別々に包装してください。
베쯔베쯔니 호–소–시테 쿠다사이

• 같이 포장해주세요.
いっしょ　ほうそう
一緒に包装してください。
잇쇼니 호–소–시테 쿠다사이

• 가격표를 떼 주세요.
ね ふだ　き
値札を切ってください。
네후다오 킷테 쿠다사이

• 배송해 주세요.
はいそう
配送できますか。
하이소–데키마스카

• 오늘 배송이 가능한가요?
きょう はいそう
今日配送できますか?
쿄– 하이소– 데키마스카

- 배달료는 얼마인가요?

  配送料(はいそうりょう)はいくらですか?

  하이소– 료와 이쿠라데스카

- 이 주소로 보내 주세요.

  この 住所(じゅうしょ)に 送(おく)ってください。

  코노 쥬–쇼니 오쿳테 쿠다사이

- 구입한 것이 배달되지 않았어요.

  買(か)ったものが まだ 配達(はいたつ)されされていません。

  캇타모노가 마다 하이타쯔사레사레테이마셍

교환, 환불

- 사이즈가 안 맞아요.

  サイズが合(あ)わないです。

  사이즈가 아와나이데스

- 디자인이 마음에 안 들어요.

  デザインが気(き)に入(い)らないです。

  데자잉가 키니 이라나이데스

- 물건에 흠이 있어요.

  製品(せひん)に 欠陥(けっかん)があります。

  세힝니 켓캉가 아리마스

- 작동을 안 해요.

  作動(さどう)しません。

  사도–시마셍

- 파손됐어요.

破損(はそん)しました。

하송시마시타

- 망가졌어요.

壊(こわ)れました。

코와레마시타

- 찢어졌어요.

破(やぶ)れました。

야부레마시타

- 환불해 주세요.

払(はら)い戻(もど)しをしていただけますか。

하라이모도시오시테 이타다케마스카

- 교환해 주세요.

交換(こうかん)していただけますか。

코–캉시테 이타다케마스카

- 이것을 고쳐 주세요.

これを直(なお)してください。

코레오 나오시테 쿠다사이

- 아직 사용하지 않았어요.

まだ使(つか)っていません。

마다 쯔캇테이마셍

• 영수증 여기 있습니다.

領収書(りょうしゅうしょ)はここにあります。

료–슈–쇼와 코코니 아리마스

❶ 과일 사기

바꿔 말하기

딸기 는 한 근에 얼마예요?

苺(いちご) は一斤(いっきん)いくらですか?

(이치고)와 잇킹 이쿠라데스카

과일		
렌우 レンブ 렌푸 	용안 リュウガン 류–간 	여지 レイシ 레–시 
망고 マンゴー 망고– 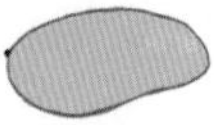	비파 ビワ 비와 	망고스틴 マンゴスチン 망고스친 
산사 山査子(さんざし) 산자시 	양매 ヤマモモ 야마모모 	양다래 キウイフルーツ 키위후루–쯔 
유자 柚子(ゆず) 유즈 	하미과 ハミウリ 하미우리 	람부탄 ランブータン 랑푸탄 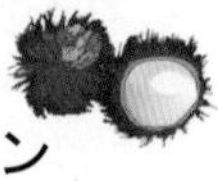
사과 林檎(りんご) 링고 	배 梨(なし) 나시 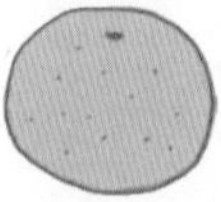	귤 蜜柑(みかん) 미캉 

수박 すい か **西瓜** 스이카 	포도 ぶ どう **葡萄** 부도우 	복숭아 もも **桃** 모모 
멜론 **メロン** 메론 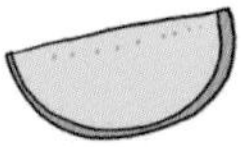	앵두 **ユスラウメ** 유스라우메 	오렌지 **オレンジ** 오렌지 
레몬 **レモン** 레몬 	바나나 **バナナ** 바나나 	자두 すもも **李** 스모모 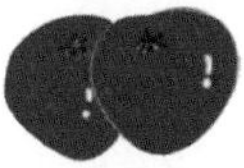
두리안 **ドリアン** 도리안 	살구 あんず **杏** 안즈 	감 かき **柿** 카키 
참외 うり **瓜** 우리	파인애플 **パイナップル** 파이낫푸루 	키위 **キウイ** 키우이 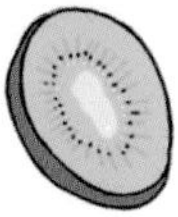
코코넛 **ココナッツ** 코코낫츠 	사탕수수 さ とうきび **砂糖黍** 사토우키비 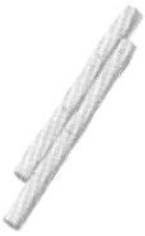	구아바 **グアバ** 구아바 
밤 くり **栗** 쿠리 	대추 なつめ **棗** 나츠메 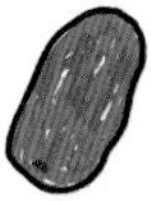	딸기 いちご **苺** 이치고 
건포도 ほ　ぶ どう **干し葡萄** 호시부도우 	체리 **チェリー** 체리– 	블루베리 **ブルーベリー** 부루–베리– 
라임 **ライム** 라이무 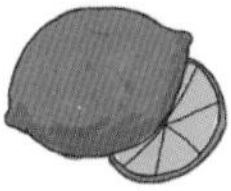	무화과 いち じ く **無花果** 이치지쿠 	석류 **ザクロ** 사쿠로 

▶ 과일을 살 때

A: 무엇을 사시겠습니까?

何(なに)を 買(か)いますか?

나니오 카이마스카

B: (메론) 하나에 얼마예요?

(メロン)ひとついくらですか?

(메롱)히토쯔 이쿠라데스카

A: 100엔입니다.

百円(ひゃくえん)です。

햐쿠엥데스

B: 하나 주세요.

一(ひと)つください。

히토쯔 쿠다사이

핵심문장 익히기

- 이 과일은 어떻게 먹나요?

  この果物(くだもの)はどうやって食(た)べますか?

  코노 쿠다모노와 도-얏테 타베마스카

- 이 과일 맛이 어때요?

  この果物(くだもの)の味(あじ)はどうですか?

  코노 쿠다모노노 아지와 도우데스카

- 싱싱한 것으로 주세요.
  新鮮(しんせん)なものをください。
  싱셍나 모노오 쿠다사이

- 어느 과일이 달달한가요?
  どの 果物(くだもの)が甘(あま)いですか?
  도노 쿠다모노가 아마이데스카

- 어느 과일이 새콤한가요?
  どの 果物(くだもの)がやや酸(す)っぱいですか?
  도노 쿠다모노가 야야슷파이데스카

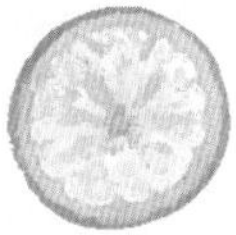

- 어느 과일이 맛있나요?
  どの 果物(くだもの)が美味(おい)しいですか?
  도노 쿠다모노가 오이시이데스카

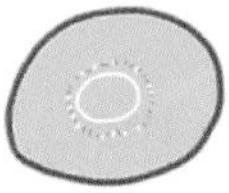

❷ 채소 사기

바꿔말하기

고수나물 한 근에 얼마예요?

パクチー 一斤(いっきん)いくらですか?

(파쿠치)잇킹 이쿠라데스카

채소

고수나물 パクチー 파쿠치 	공심채 ヨウサイ 요–사이 	청경채 チンゲンサイ 칭겡사이 

호박 かぼちゃ 카보차 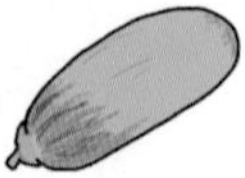	당근 ニンジン 닝징 	피망 ピーマン 피–망 
버섯 きのこ 키노코 	감자 いも 芋 이모 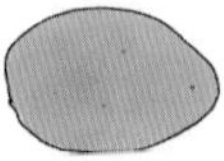	고추 とうがらし 唐辛子 토–가라시 
토마토 トマト 토마토 	무 だいこん 大根 다이콘 	배추 はくさい 白菜 하쿠사이 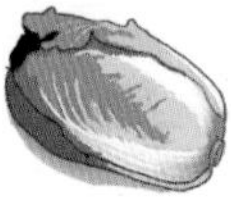
마늘 にんにく 닌니쿠 	우엉 ごぼう 고보– 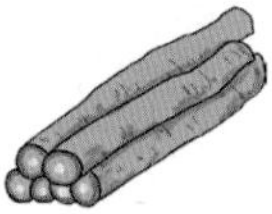	상추 サンチュ 산츄 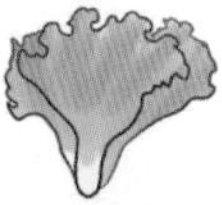
시금치 ほうれんそう 호–렌소– 	양배추 キャベツ 캬베츠 	브로콜리 ブロッコリー 부롯코리– 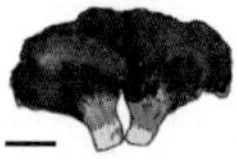
양파 たまねぎ 玉葱 타마네기 	단호박 カボチャ 카보챠 	고구마 さつまいも 사츠마이모 
오이 きゅうり 胡瓜 큐–리 	파 ねぎ 葱 네기 	콩나물 まめ 豆もやし 마메모야시 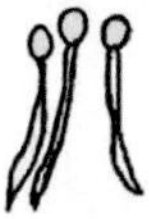
생강 しょうが 生薑 쇼–가 	미나리 せり 세리 	옥수수 とうもろこし 토–모로코시 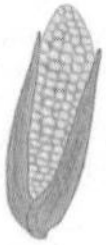
가지 なす 茄子 나스 	송이버섯 まつたけ 松茸 마츠타케 	죽순 たけのこ 竹の子 타케노코 

파슬리 パセリ 파세리 	도라지 桔梗(ききょう) 키쿄– 	깻잎 エゴマの葉(は) 에고마노하 
고사리 蕨(わらび) 와라비 	청양고추 辛(から)い唐辛子(とうがらし) 카라이 토–가라시 	팽이버섯 えのき茸(だけ) 에노키다케 

올리브 オリーブ 오리–부 	쑥갓 菊菜(きくな) 키쿠나 
인삼 人参(にんじん) 닌진 	홍삼 ホンサム 홍사무 

핵심문장 익히기

- 싱싱한 것으로 주세요.
  新鮮(しんせん)なものをください。
  싱센나 모노오 쿠다사이

- 이것을 저울에 달아 주세요.
  これを秤(はかり)で量(はか)ってください。
  코레오 하카리데 하캇테 쿠다사이

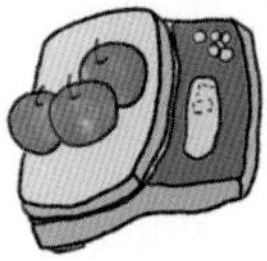

- 비닐 봉투를 주세요.
  ビニール袋(ぶくろ)をください。
  비니–루부쿠로오 쿠다사이

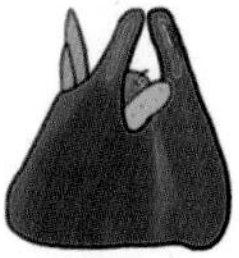

Chapter 05 식사

Unit 01. 음식점 찾기, 예약

❶ 음식점 찾기

바꿔 말하기

이태리 식당 을/를 추천해 주세요.

イタリアレストラン を おすすめしていただけませんか。
(이타리아레스토랑)오 오스스메시테 이타다케마셍카

음식점

중식당 中華料理店(ちゅうかりょうりてん) 츄–카료–리텡 	한국식당 韓国の食堂(かんこくのしょくどう) 캉코쿠노 쇼쿠도– 	일식당 日本の食堂(にほんのしょくどう) 니홍노 쇼쿠도– 
뷔페 バイキング 바이킹구 	프랑스 레스토랑 フランスレストラン 후란스레스토랑 	이태리 레스토랑 イタリアレストラン 이타리아레스토랑 
인도 레스토랑 インドレストラン 인도레스토랑 	태국 레스토랑 タイレストラン 타이레스토랑 	가까운 식당 近い食堂(ちかいしょくどう) 치가이 쇼쿠도– 
저렴한 식당 手頃な食堂(てごろなしょくどう) 테고로나 쇼쿠도–	고급 식당 高級食堂(こうきゅうしょくどう) 코–큐– 쇼쿠도–	전문 식당 専門食堂(せんもんしょくどう) 셍몽 쇼쿠도–
포장마차 屋台(やたい) 야타이 	맛있는 식당 美味しい食堂(おいしいしょくどう) 오이시이 쇼쿠도– 	이 지방의 전통요리 この 地方の伝統料理(ちほうのでんとうりょうり) 코노 치호–노 뎅토– 료리

바꿔 말하기

피자헛 이 어디 있나요?

ピザハット はどこにありますか?

(피자핫토)와 도코니 아리마스카

패스트푸드 / 분식 / 기타

제과점 パン屋(や) 판야 	패스트푸드점 ファーストフード 파-스토후-도 	KFC ケンタッキー 켄탓키-
맥도날드 マクドナルド 마쿠도나르도	피자헛 ピザハット 피자핫토	롯데리아 ロッテリア 롯테리아
파파이스 ポパイズ 포파이즈	재즈바 ジャズバー 쟈즈바- 	커피숍 コーヒーショップ 코-히-숏푸 

❷ 음식점 예약

바꿔 말하기

방 을 예약해 주세요.

部屋(へや) を予約(よやく)してください。

(헤야)오 요야쿠시테 쿠다사이

창가자리 窓際(まどぎわ)の席(せき) 마도기와노 세키 	금연석 禁煙席(きんえんせき) 킹엔세키 

흡연석 喫煙席(きつえんせき) 키쯔엥세키 	조용한 자리 静(しず)かな席(せき) 시즈카나세키 

▶ 예약할 때

A: 예약할 필요가 있습니까?

予約(よやく)する必要(ひつよう)がありますか?

요야쿠스루 히쯔요우가 아리마스카

B: 네, 필요합니다.

はい、必要(ひつよう)です。

하이, 히쯔요우데스

아니요, 그냥 오세요.

いいえ、そのまま来(き)てください。

이이에, 소노마마 키테쿠다사이

A: (저녁 6시, 5명) 예약해 주세요.

(夕方(ゆうがた) 六時(ろくじ)、五名(ごめい))予約(よやく)してください。

(유–가타 로쿠지, 고메이) 요야쿠시테 쿠다사이

죄송합니다, 예약을 취소할게요.

すみませんが、予約(よやく)のキャンセルを お願(ねが)いします。

스미마셍가, 요야쿠노 칸세루오 오네가이시마스

핵심문장 익히기

- [지도나 책을 가리키며] 이 식당은 어디 있나요?

  この食堂(しょくどう)はどこにありますか?

  코노 쇼쿠도–와 도코니 아리마스카

- 몇 시에 문을 여나요? / 닫나요?

  何時(なんじ)に開店(かいてん)しますか? / 閉店(へいてん)しますか?

  낭지니 카이텐시마스카 / 헤–텐시마스카

- 식당가가 어디에 있나요?

  食堂街(しょくどうがい)はどこにありますか?

  쇼쿠도–가이와 도코니 아리마스카

Unit 02. 음식점에서

❶ 음식 주문하기 – 대표 요리

바꿔 말하기

햄버거 주세요.

ハンバーガー ください。

(항바–가–)쿠다사이

일본요리

회 さしみ 刺身 사시미 	생선초밥 すし 寿司 스시 	다코야키 や たこ焼き 타코야키 
오코노미야키 この　や お好み焼き 오코노미야키 	우동 うどん 饂飩 우동 	메밀소바 そば 蕎麦 소바 
돈코츠라멘 とんこつ 豚骨ラーメン 통고츠라멘 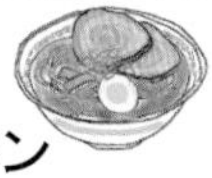	돈부리 どんぶり 丼 돈부리 	야키소바 や 焼きそば 야키소바 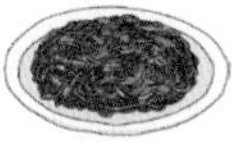
규동 ぎゅうどん 牛丼 규–동 	낫또 なっとう 納豆 낫토– 	미소된장 みそしる 味噌汁 미소시루 
스이모노 す　もの 吸い物 스이모노 	스키야키 や すき焼き 스키야키 	우메보시 うめぼ 梅干し 우메보시 
오니기리 おにぎり 오니기리 	나가사키짬뽕 ながさき 長崎ちゃんぽん 나가사키찬퐁 	카레 カレー 카레– 

튀김
てんぷら
天麩羅
텐푸라

가쯔동
どん
カツ丼
카츠동

가이세키(일본의 코스요리)
かいせき
懐石
카이세키

오세치(정월에 먹는 음식)
せち
お節
세치

아지타마고
あじ つ たまご
味付け卵
아지쯔케타마고
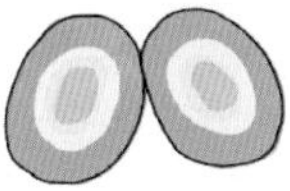

돈까스
とん
豚カツ
톤카츠

아게모노
あ もの
揚げ物
아게모노

기타

햄버거

ハンバーガー
항바-가-

피자
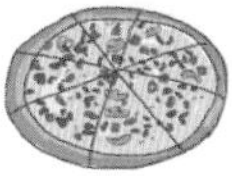
ピザ
피자

샌드위치

サンドイッチ
산도위치

스테이크

ステーキ
스테-키

와플
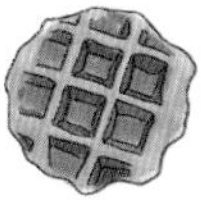
ワッフル
왓프루

한국식당요리

라면
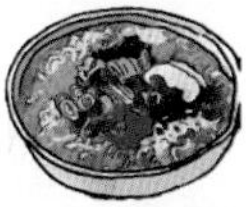
ラーメン
라-멘

냉면
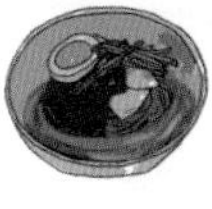
れいめん
冷麺
레-멘

삼계탕

サムゲタン
사무게탕

된장찌개

テンジャンチゲ
텐쟝치게

청국장찌개

チョングクチャンチゲ
촌구쿠챤치게

순두부찌개

スンドゥブチゲ
순두부치게

부대찌개

プデチゲ
푸데치게

갈비탕

カルビタン
카루비탕

감자탕
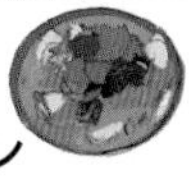
カムジャタン
카무쟈탕

설렁탕 ソルロンタン 소루론탕 	비빔밥 ビビンバ 비빈바 	돌솥비빔밥 いしや 石焼きビビンバ 이시야키비빈바 
떡볶이 トッポッキ 톳폿키 	순대 スンデ 슨데 	꼬치오뎅 くし ざ 串刺しおでん 쿠시자시오뎅 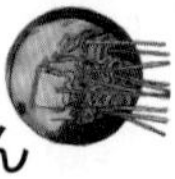
찐빵 む チンパン / 蒸しパン 친팡 / 무시팡 	팥빙수 パッピンス 팟핑스 	떡 もち 餅 모치 
해물파전 かいせん 海鮮チジミ 카이센치지미 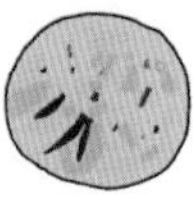	김밥 キンパプ 킨파푸 	간장게장 カンジャンケジャン 칸잔케장 
김치 キムチ 키무치 	삼겹살 サムギョプサル 사무교푸사루 	족발 ジョクパル 조쿠파루 

바꿔 말하기

이 요리의 재료는 **닭** 입니다.

りょうり　ざいりょう　　とり
この料理の材料は **鶏** です。

코노 료-리노 자이료-와 (토리)데스

요리 재료

육류 にくるい 肉類 니쿠루이 	조류 ちょうるい 鳥類 쵸-루이 	파충류 ちゅうるい は虫類 츄-루이 
해조류 かいそうるい 海藻類 카이소-루이 	생선 さかな 魚 사카나 	소 うし 牛 우시 

닭 とり **鶏** 토리 	새우 えび **蝦** 에비 	조기 **イシモチ** 이시모치 
돼지 ぶた **豚** 부타 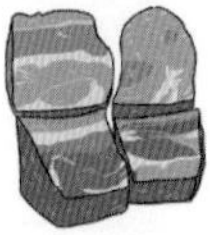	오리 かも **鴨** 카모 	오징어 いか **烏賊** 이카 
갈치 たちうお **太刀魚** 가치우오 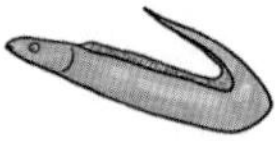	양 ひつじ **羊** 히쯔지 	거위 **ガチョウ** 가쵸– 
게 かに **蟹** 카니 	잉어 こい **鯉** 코이 	염소 やぎ **山羊** 야기 
문어 たこ **蛸** 타코 	붕어 ふな **鮒** 후나 	달걀 たまご **卵** 타마고 
가재 ざりがに **蝲蛄** 자리가니 	장어 **うなぎ** 우나기 	뱀 へび **蛇** 헤비 
조개 かい **貝** 카이 	개구리 かえる **蛙** 카에루 	굴 **カキ** 카키 
미나리 **せり** 세리 	옥수수 **とうもろこし** 토–모로코시 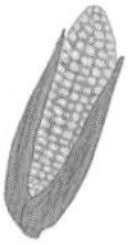	두부 とうふ **豆腐** 토–후 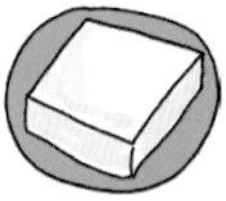
가지 なす **茄子** 나스 	콩나물 まめ **豆もやし** 마메모야시 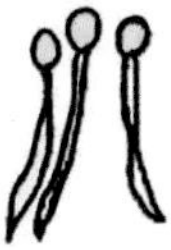	송이버섯 まつたけ **松茸** 마쯔타케 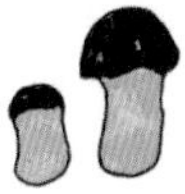

죽순 たけ　こ **竹の子** 타케노코 	오이 きゅう り **胡瓜** 큐—리 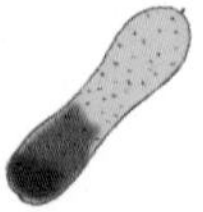	토마토 **トマト** 토마토 

참고단어(요리방식)

데치다 ゆ **茹でる** 유데루 	굽다 や **焼く** 야쿠 	튀기다 あ **揚げる** 아게루 
찌다 む **蒸す** 무스 	무치다 あ **和える** 아에루 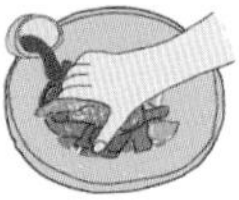	볶다 いた **炒める** 이타메루 
훈제 くんせい **薫製** 쿤세— 	끓이다 わ **沸かす** 와카스 	삶다 ゆ **茹でる** 유데루 
섞다 ま **交ぜる** 마제루 	휘젓다 ま **かき混ぜる** 카키마제루 	밀다 の **伸ばす** 노바스 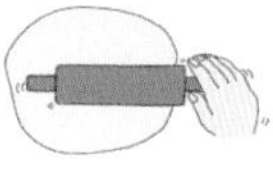
얇게 썰다 うす　き **薄めに切る** 우스메니키루 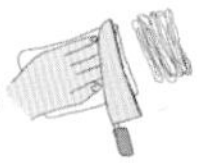	손질하다 したごしら **下拵え** 시타고시라에 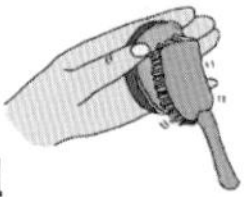	반죽하다 こ **捏ねる** 코네루 

❷ 종업원에게 뭔가를 요구할 때

바꿔말하기

포크 주세요.

フォーク をください。
(호–쿠)오 쿠다사이

수저 를 바꿔 주세요.

さじとはし を換（か）えてください。
(사지토하시)오 카에테 쿠다사이

식기, 양념, 후식

그릇 器（うつわ） 우쯔와 	컵 コップ 콧푸 	포크 フォーク 포–크 
숟가락 スプーン 스픈 	접시 皿（さら） 사라 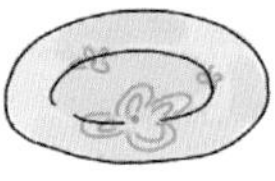	젓가락 はし 하시 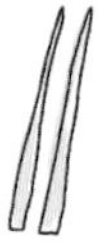
나이프 ナイフ 나이후 	냅킨 ナプキン 나푸킹 	국자 おたま 오타마 
따뜻한 물 温（あたた）かい水（みず） 아타타카이미즈 	시원한 물 冷（つめ）たい水（みず） 쯔메타이미즈 	소금 塩（しお） 시오 
후추 胡椒（こしょう） 코쇼– 	간장 醤油（しょうゆ） 쇼–유 	설탕 砂糖（さとう） 사토우 
아이스크림 アイスクリーム 아이스쿠리–무 	커피 コーヒー 고–히– 	과일 果物（くだもの） 쿠다모노 

디저트 **デザート** 데자–토	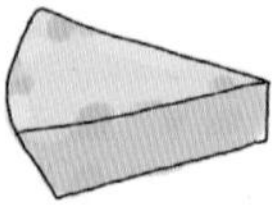	와인 **ワイン** 와인	

▶ 음식점에서

A: 훈제요리 좋아하세요?

燻製料理(くんせいりょうり)すきですか?

쿵세이 료–리 스키데스카

B: 네, 좋아합니다.

はい、すきです。

하이, 스키데스

A: 그럼 오늘 훈제요리 먹으러 갈래요?

では、今日(きょう) 燻製料理(くんせいりょうり)を食(た)べに行(い)きましょうか?

데와, 쿄– 쿵세이료–리오 타베니 이키마쇼우카

B: 좋지요.

いいですよ。

이–데스요

A: 오늘은 제가 한턱 낼게요.

今日(きょう)は 私(わたし)が おごります。

쿄우와 와타시가 오고리마스

B: 감사합니다.

ありがとう ございます。

아리가토우 고자이마스

▶ 식사를 주문할 때

A: 종업원!

すみません!
스미마셍

B: 주문하시겠어요?

ご注文(ちゅうもん)はお決(き)まりですか?
고츄―몽와 오키마리데스카

A: 식사 전에 와인을 먼저 주문할게요.

食事前(しょくじまえ)にワインを先(さき)に注文(ちゅうもん)します。
쇼쿠지 마에니 와잉오 사키니 츄―몽시마스

주문할게요.

注文(ちゅうもん)します。
츄―몽시마스

조금 있다 주문할게요.

少(すこ)し後(あと)に 注文(ちゅうもん)します。
스코시 아토니 츄―몽시마스

B: 무엇을 주문하시겠어요?

何(なに)に しますか?
나니니 시마스카

A: (피자)주세요.

(ピザ)ください。
(피자)쿠다사이

이것으로 주세요.

これをください。
코레오 쿠다사이

같은 것으로 주세요.

同(おな)じものをください。
오나지모노오 쿠다사이

(다른 사람의 음식을 가리키며) 저것과 같은 것으로 주세요.

あれと 同(おな)じものを ください。
아레토 오나지모노오 쿠다사이

제가 시킨 요리는 얼마나 기다려야 하나요?

わたしが 注文(ちゅうもん)した料理(りょうり)は どのくらい待(ま)たなければいけませんか?
와타시가 츄-몽시타 료-리와 도노쿠라이 마타나케레바이케마셍카

주문을 바꿔도 되나요?

注文(ちゅうもん)を変更(へんこう)してもいいですか?
츄-몽오 헹코-시테 이이데스카

주문을 취소하고 싶어요.

注文(ちゅうもん)をキャンセルしたいです。
츄-몽오 칸세루시타이데스

자리를 바꿔 주세요.

席(せき)を交換(こうかん)してください。
세키오 코-캉시테 쿠다사이

핵심문장 익히기

메뉴 선택

- 오늘의 추천 요리는 무엇인가요?

  ほんじつ　　　　　りょうり　なん
  本日のおすすめ料理は何ですか?
  홍지쯔노 오스스메 료-리와 낭데스카

- 이 지역의 유명 요리는 무엇인가요?

  ちいき　ゆうめい　りょうり　なん
  この地域の有名な料理は何ですか?
  코노 치이키노 유-메이나 료-리와 낭데스카

- 담백한 요리는 무엇인가요?

  うすあじ　りょうり　なん
  薄味の料理は何ですか?
  우스아지노 료-리와 낭데스카

- 메뉴판을 주세요.

  メニューをください。
  메뉴-오 쿠다사이

- 사진 있는 메뉴판은 없나요?

  しゃしん
  写真があるメニューはないですか?
  샤싱가 아루 메뉴-와 나이데스카

- 이것은 무료인가요? 유료인가요?

  むりょう　ゆうりょう
  これは無料ですか? 有料ですか?
  코레와 무료-데스카 유-료-데스카

- 이 요리는 어떻게 먹나요?

  この料理(りょうり)はどうやって食(た)べますか?

  코노 료–리와 도–얏데 타베마스카

- 디저트 있나요?

  デザートありますか?

  디자–토 아리마스카

식사 시 요구

- 이것 좀 더 주세요.

  これをもっとください。

  코레오 못토 쿠다사이

- 이것을 치워 주세요.

  これを下(さ)げていただけませんか。

  코레오 사게테 이타다케마셍카

- 주문한 요리가 안 나왔어요.

  注文(ちゅうもん)した料理(りょうり)がまだ出(で)てきてません。

  츄–몽시타 료–리가 마다 데테키테마셍

- 주문한 요리가 아니에요.

  これはわたしが注文(ちゅうもん)した料理(りょうり)ではないです。

  코레와 와타시가 츄–몽시타 료–리데와 나이데스

- 요리가 덜 익었어요.

  料理(りょうり)が十分(じゅうぶん)火(ひ)が通(とお)っていないです。

  료–리가 쥬–분히가 토옷테 나이데스

- 요리가 너무 구워졌어요.

  料理(りょうり)が焦(こ)げました。

  료-리가 코게마시타

- 이것을 데워 주세요.

  これを温(あたた)めていただけませんか。

  코레오 아타타메테이타다케마셍카

- 여기에 이물질이 들어 있어요.

  ここに 異物(いぶつ)が入(はい)っています。

  코코니 이브쯔가 하잇테이마스

- 남은 음식을 싸 주세요.

  残(のこ)り物(もの)を 包(つつ)んでください。

  노코리모노오 쯔쯩데 쿠다사이

계산

- 계산해 주세요.

  計算(けいさん)してください。

  케이상시테 쿠다사이

- 얼마예요?

  いくらですか?

  이쿠라데스카

- 제가 낼게요.

  わたしがおごります。

  와타시가 오고리마스

- 따로 따로 계산할께요.

  別々(べつべつ)に計算(けいさん)します。

  베쯔베쯔니 케이상시마스

- 계산이 잘못됐어요.

  計算(けいさん)が違(ちが)っています。

  케이상가 치갓테이마스

- 이것은 팁이에요.

  これはチップです。

  코레와 팃프데스

Unit 03. 술집에서

바꿔 말하기

맥주 주세요.

ビール ください。

(비–루) 쿠다사이

주류

이모쇼츄 いもしょうちゅう 芋焼酎 이모쇼–츄– 	무기쇼츄 むぎしょうちゅう 麦焼酎 무기쇼–츄– 	호로요이 ほろよい 호로요이 
마루 まる 마루 	아사히 맥주 あさ ひ 朝日ビール 아사히비–루 	쥰마이다이긴죠 じゅんまいだいぎんじょう 純米大吟醸 쥰마이다이긴죠– 
쥰마이 じゅんまい 純米 쥰마이 	죠센 じょうせん 上撰 죠–센 	다루사케 だるさけ 樽酒 다루사케 
간바레오도짱 と がんばれお父ちゃん 간바레오토챵 	히카리마사무네 ひかりまさむね 光正宗 히카리마사무네 	교노이즈미 きょう いずみ 京の泉 쿄–노이즈미 
나마죠조슈 なまちょぞう 生貯蔵 나마쵸조– 	쿠보타만쥬 く ぼ た まんじゅ 久保田萬寿 쿠보타만쥬 	유자술 ゆ ず しゅ 柚子酒 유즈슈 
위스키 ウィスキー 위스키– 	보드카 ウォッカ 웟카 	레드와인 あか 赤ワイン 아카와인 

화이트와인 しろ 白ワイン 시로와인 	막걸리 マッコリ 맛코리 	동동주 トンドンジュ 톤돈쥬 
백하주 ベッカジュ 벳카쥬 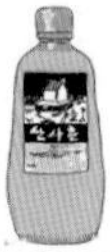	과실주 かじつしゅ 果実酒 칸지츠슈 	복분자술 ポクプンジャ 포쿠분쟈 
매실주 うめしゅ 梅酒 우메슈 	청주 せいしゅ 清酒 세이슈 	칵테일 カクテル 카쿠테루 

핵심문장 익히기

- 건배!
  かんぱい
  乾杯!
  칸파이

- 한 잔 더 주세요.
  いっぱい
  もう一杯ください。
  모우 잇파이 쿠다사이

- 한 병 더 주세요.
  いっぽん
  もう一本ください。
  모우 잇퐁 쿠다사이

- 이 술은 몇 도인가요?
  さけ　なんど
  この酒は 何度ですか?
  코노사케와 난도데스카

- 안주를 주세요.

  つまみをください。
  쯔마미오 쿠다사이

▶ 테이크아웃 유무

A: 여기서 드시겠어요, 가지고 가실 거예요?

こちらでお召(め)し上(あ)がりですか、それともお持(も)ち帰(かえ)りですか?
코치라데 오메시아가리데스카, 소레토모 오모치카에리데스카

B: 여기서 먹을 겁니다.

ここで食(た)べます。
코코데 타베마스

Chapter 06 숙소

Unit 01. 호텔 내 관광 안내소, 프런트에서

바꿔 말하기

관광 코스 를 추천해 [예약해 / 구매해] 주세요.

観光(かんこう)コース を おすすめして [予約(よやく)して / 購入(こうにゅう)して] ください。

(캉코–코–스)오 오스스메시테 [요야쿠시테 / 코–뉴–시테] 쿠다사이

관광 안내

추천 관광 장소 おすすめ観光(かんこう)スポット 오스스메캉코–스폿토	관광 코스 観光(かんこう)コース 캉코–코–스

주변 맛집 周辺(しゅうへん)のおいしい店(みせ) 슈–헹노오이시이미세	주변 관광지 周辺(しゅうへん)の観光地(かんこうち) 슈–헹노캉코–치	주변 번화가 周辺(しゅうへん)の繁華街(はんかがい) 슈–헹노항카가이

핵심문장 익히기

- 수수료가 얼마예요?
  手数料(てすうりょう)はいくらですか?
  테스–료–와 이쿠라데스카

- 택시를 불러 주세요.
  タクシーを呼(よ)んでいただけますか。
  타쿠시–오 용데이타다케마스카

- 엽서[편지 / 소포]를 받아 주세요.
  はがき てがみ こづつみ う と
  葉書[手紙 / 小包]をお受け取りください。
  하가키[테가미 / 코즈쯔미]오 오우케토리쿠다사이

- 엽서[편지 / 소포]를 한국으로 보내 주세요.
  はがき てがみ こづつみ かんこく おく
  葉書[手紙 / 小包]を韓国 に送っていただけますか。
  하가키[테가미 / 코즈쯔미]오 캉코쿠니 오쿳테 이타다케마스카

- 소포를 받아 주세요.
  こづつみ う と
  小包をお受け取りください。
  코즈쯔미오 오우케토리쿠다사이

- 전화를 기다려요.
  でんわ ま
  電話を待っています。
  뎅와오 맛테이마스

- 전화를 받아 주세요.
  でんわ で
  電話に出てください。
  뎅와니 데테쿠다사이

- 제 이름은 키무라입니다.
  なまえ きむら
  わたしの名前は木村です。
  와타시노 나마에와 키무라데스

- 제 방 번호는 235입니다.
  へや ばんごう にさんご
  わたしの部屋の番号は二三五です。
  와타시노 헤야노 방고–와 니상고데스

Unit 02. 숙소 찾기, 체크인

바꿔 말하기

교통이 편리한 호텔을 소개해 주세요.

こうつう べんり / しょうかい
交通が便利な ホテルを紹介してください。
(코–쯔–가 벵리나) 호테루오 쇼–카이시테 쿠다사이

유스호스텔 을 찾고 있습니다.

さが
ユースホステル を探しています。
(유–스호스테루)오 사가시테이마스

숙박 관련

교통이 편리한 こうつう べんり 交通が便利な 코–쯔–가 벵리나	시설이 좋은 せつび 設備がいい 세쯔비가 이이	전망이 좋은 みは よ 見晴らしの良い 미하라시노요이
저렴한 てごろ 手頃な 테고로나	조용한 しず 静かな 시즈카나	시내에 있는 しない 市内にある 시나이니 아루
호텔 ホテル 호테루 	캠핑장 じょう キャンプ場 캼푸죠– 	게스트 하우스 ゲストハウス 게스토하우스 
민박 みんしゅく 民宿 민슈쿠 	료칸(일본식 전통 고급 호텔) りょかん 旅館 료캉 	
펜션 ペンション 펭숑 	캡슐호텔 カプセルホテル 카푸세루호테루 	

인터넷카페 インターネットカフェ 인타–넷토카훼 	국민숙사(지자체나 마을에서 운영하는 게스트하우스) 国民宿舎(こくみんしゅくしゃ) 코쿠밍슈쿠샤 

바꿔말하기

싱글룸 을 원합니다.

シングルルーム をお願(ねが)いします。

(싱구루루–무)오 오네가이시마스

호텔룸의 종류

싱글룸 シングルルーム 싱구루루–무 	더블룸 ダブルルーム 다부루루–무 	트윈룸 ツインルーム 츠잉루–무 
스위트룸 スイートルーム 스이–토루–무 	다인실(삼인실 / 사인실) ドーミトリー 도–미토리– 	

▸ 호텔 예약

A: 호텔을 예약하려고요.

ホテルを 予約(よやく)したいです。

호테루오 요야쿠시타이데스

B: 며칠이나 머무르실 건가요?

何日(なんにち)まで 泊(と)まりますか?

난니치마데 도마리마스카

A: (5월 1일)체크인해서 (5월 4일)체크아웃 할 거예요.

(五月一日(ごがつついたち))チェックインして、(五月四日(ごがつよっか)) チェックアウトしようと思(おも)います。

(고가쯔 쯔이타치)첵쿠잉시테, (고가쯔 욧카) 첵쿠아우토 시요우토 오모이마스

B: 어떤 방을 원하세요?

どの部屋(へや)を 希望(きぼう)されますか?

도노 헤야오 키보우사레마스카

A: (싱글룸)으로 예약 부탁합니다.

(シングルルーム)で 予約(よやく)お願(ねが)いいたします。

(싱구루루-무)데 요야무 오네가이이타시마스

B: 몇 분이세요?

何名様(なんめいさま)ですか?

낭멘이사마데스카

A: 두 명입니다.

二人(ふたり)です。

후타리데스

B: 예약을 도와드릴게요. 성함과 연락처를 말씀해 주세요.

ご予約致(よやくいた)します。お名前(なまえ)と連絡先(れんらくさき)を教(おし)えていただけませんか。

고요야쿠 이타시마스. 오나마에토 렌라쿠사키오 오시에테이타다케마셍카

A: 제 이름은 키타무라구요, 연락처는 123-456-7890입니다.

わたしの名前(なまえ)は北村(きたむら)で、連絡先(れんらくさき)は一二三(いちにさん)-四五六(よんごろく)-七八九(ななはちきゅう)ゼロです。

와타시노 나마에와 키타무라데, 렌라쿠사키와 이치니상-용고로쿠-나나하치큐-제로데스

B: 네, 예약되었습니다.

はい、ご予約(よやく)を お取(と)り致(いた)しました。

하이, 고요야쿠오 오토리이타시마시타

▶ 호텔 체크인

A: 예약하셨나요?

予約(よやく)しましたか?

요야쿠시마시타카

B: 예약했습니다.

はい、予約(よやく)しました。

하이, 요야쿠시마시타

제 이름은 (키타무라)입니다.

わたしの名前(なまえ)は (北村(きたむら))です。

와타시노 나마에와 (키타무라)데스

예약확인증 여기에 있습니다.

予約確認書(よやくかくにんしょ)はここにあります。

요야쿠 카쿠닝쇼와 코코니 아리마스

예약을 안 했는데, 빈방 있나요?

予約(よやく)をまだしていないのですが、空室(くうしつ)はありますか?

요야쿠오 마다 시테이나이노데스가, 쿠-시쯔와 아리마스카

A: 어떤 방을 원하세요?

どの部屋(へや)を 希望(きぼう)されますか?
도노 헤야오 키보-사레마스카

B: (싱글룸)을 원합니다.

(シングルルーム)で予約(よやく)お願(ねが)いいたします。
(싱구루루-무)데 요야쿠 오네가이이타시마스

보증금은 얼마인가요?

保証金(ほしょうきん)はいくらですか?
호쇼-킹와 이쿠라데스카

A: 보증금은 (1000엔)입니다.

保証金(ほしょうきん)は (千円(せんえん))です。
호쇼-킹와 (셍엥)데스

신분증을 보여 주세요.

身分証(みぶんしょう)を見(み)せてください。
미분쇼-오 미세테 쿠다사이

B: 여기에 있어요.

どうぞ。
도-조

A: 이 숙박신고서에 기록 좀 해 주십시오.

この登録用紙(とうろくようし)に記入(きにゅう)していただけますか。
코노 코-로쿠요우시니 키뉴-시테 이타다케마스카

핵심 단어			
여권 パスポート 파스포-토	입실 入室(にゅうしつ) 뉴-시쯔	퇴실 退室(たいしつ) 타이시쯔	연락처 連絡先(れんらくさき) 렌라쿠사키

핵심문장 익히기

객실 구경

- 객실을 보여 주세요.

  客室(きゃくしつ)をみせてください。

  캬쿠시쯔오 미세테 쿠다사이

- 욕실이 어디인가요?

  浴室(よくしつ)はどこですか?

  요쿠시쯔와 도코데스카

- 화장실이 어디인가요?

  トイレはどこですか?

  토이레와 도코데스카

- 뜨거운 물이 나오나요?

  お湯(ゆ)は出(で)ますか?

  오유와 데마스카

- 변기에 물이 내려가나요?

  便器(べんき)に水(みず)が流(なが)れますか?

  벵키니 미즈가 나가레마스카

- TV가 나오나요?

  テレビはつきますか?

  테레비와 쯔키마스카

• 에어컨(난방기)은/는 작동되나요?

エアコンは作動(さどう)しますか?

에아콩와 사도-시마스카

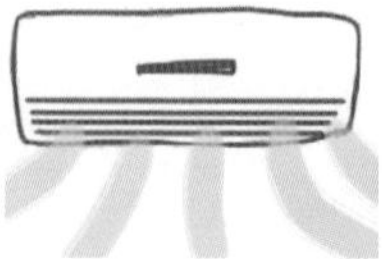

• 아침 식사는 포함되었나요?

朝食(ちょうしょく)は含(ふく)まれていますか?

쵸-쇼쿠와 후쿠마레테이마스카

• 아침 식사는 어디서 하나요?

朝食(ちょうしょく)はどこでしますか?

쵸-쇼쿠와 도코데 시마스카

• WIFI는 되나요?

ワイファイは使(つか)えますか?

와이화이와 쯔카에마스카

• WIFI 비밀번호가 어떻게 되나요?

ワイファイのパスワードは何(なん)ですか?

와이화이노 파스와-도와 낭데스카

가격흥정

• 하루 묵는 데 얼마인가요?

一泊(いっぱく)いくらですか?

잇파쿠 이쿠라데스카

• 세금과 봉사료가 포함된 값으로 얼마가 됩니까?

税金(ぜいきん)とサービス料込(りょうこ)みの 料金(りょうきん)でいくらになりますか?

제이킹토 사-비스료-코미노료-킹데 이쿠라니 나리마스카

- 좀 더 깎아 주세요.

  もう少(すこ)しまけてください。

  모우 스코시 마케테쿠다사이

- 저 비싼 방을 보여 주세요.

  もっと高(たか)い部屋(へや)を見(み)せてください。

  못토 타카이 헤야오 미세테 쿠다사이

- 이 방은 마음에 안 들어요.

  この部屋(へや)は気(き)に入(い)りません。

  코노 헤야와 키니이리마셍

- 이 방으로 할게요.

  この部屋(へや)にします。

  코노 헤야니 시마스

- 보증금이 얼마인가요?

  保証金(ほしょうきん)はいくらですか?

  호쇼–킹와 이쿠라데스카

- 영수증을 주세요.

  領収書(りょうしゅうしょ)をください。

  료–슈쇼오 쿠다사이

계산 후 요구와 질문

- 짐을 보관해 주세요.

  にもつ　あず
  荷物を預かってください。
  니모쯔오 아쯔캇테쿠다사이

- 짐을 방까지 옮겨 주세요.

  にもつ　へや　はこ
  荷物を部屋まで運んでください。
  니모쯔오 헤야마데 하콩데 쿠다사이

- 아침 식사는 몇 시부터 몇 시까지인가요?

  ちょうしょく　なんじ　なんじ
  朝食は何時から何時までですか?
  쵸–쇼쿠와 낭지카라 낭지마데데스카

- 아침 식사는 어디에서 하나요?

  ちょうしょく
  朝食はどこでしますか?
  쵸–쇼쿠와 도코데시마스카

- 식권을 주세요.

  しょっけん
  食券をください。
  숏켕오 쿠다사이

- 체크아웃은 몇 시인가요?

  なんじ
  チェックアウトは何時ですか?
  쳇쿠아우토와 낭지데스카

체크인 트러블

- 늦게 도착할 거 같아요.

  遅(おく)れて到着(とうちゃく)しそうです。

  오쿠레테 토–챠쿠시소우데스

- 예약을 취소하지 마세요.

  予約(よやく)を取(と)り消(け)さないでください。

  요야쿠오 토리케사나이데쿠다사이

- 방을 바꿔주세요.

  部屋(へや)を交換(こうかん)してください。

  헤야오 코–캉시테 쿠다사이

Unit 03. 룸서비스

바꿔 말하기

물 을 갖다주세요.

水(みず)を 持(も)ってきて いただけませんか。

(미즈)오 못테키테 이타다케마셍카

룸서비스 - 음료 및 식사

물 みず 水 미즈 	커피 コーヒー 고–히– 
샴페인 シャンパン 샹팡 	와인 ワイン 와인 
얼음 こおり 氷 코오리 	식사 しょくじ 食事 쇼쿠지 

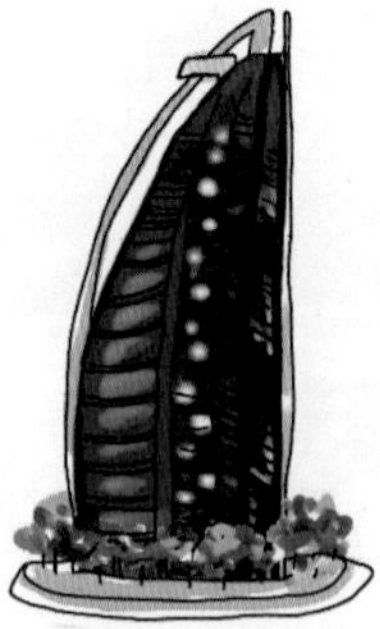

바꿔말하기

모닝콜 을 해 주세요.

モーニングコール をしてください。
(모–닝구코–루)오 시테 쿠다사이

콜택시 부탁합니다.

ハイヤー お願(ねが)いいたします。
(하이야–)오네가이이타시마스

룸서비스 – 기타

모닝콜 モーニングコール 모–닝구코–루 	세탁 / 다림질 / 드라이크리닝 洗濯(せんたく) / アイロン / ドライクリーニング 센터쿠 / 아이론 / 도라이쿠리–닌구 
방 청소 部屋(へや)の掃除(そうじ) 헤야노소우지 	식당예약 食堂(しょくどう)の 予約(よやく) 쇼쿠도우노 요야쿠 
마사지 マッサージ 맛사–지 	콜택시(하이어) ハイヤー 하이야– 

▸ 룸서비스를 부탁할 때

A: 202호입니다.

２０２号室(にひゃくにごうしつ)です。

니햐쿠니고–시쯔데스

룸서비스를 부탁드립니다.

ルームサービス お願(ねが)いします。
루-무사-비스 오네가이시마스

B: 네

はい。
하이

A: 누구세요?

誰(だれ)ですか?
다레데스카

B: 룸서비스입니다.

ルームサービスです。
루-무사-비스데스

A: 잠시만 기다려주세요.

少(すこ)し待(ま)ってください。
스코시맛테쿠다사이

들어오세요.

お入(はい)りください。
오하이리쿠다사이

감사합니다. 이것은 팁입니다.

ありがとうございます。これはチップです。
아리가토우고자이마스. 코레와 칫푸데스

Unit 04. 객실 트러블

바꿔말하기

냉장고 가 고장 났어요.

れいぞうこ　こしょう
冷蔵庫 が故障しました。

(레이조–고)가 코쇼–시마시타

담요 를 갖다주시겠어요?

もうふ　も
毛布 を 持ってきていただけませんか?

(모–후)오 못테키테 이타다케마셍카

침대 가 더러워요.

きたな
ベッド が汚いです。

(벳도)가 키타나이데스

객실

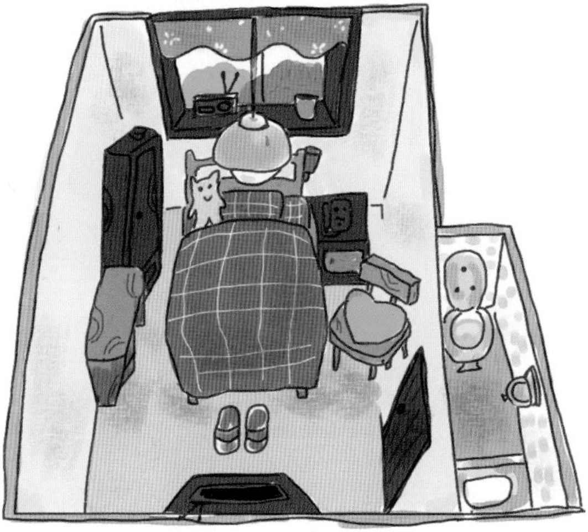

방 へや 部屋 헤야 	전화 でんわ 電話 뎅와 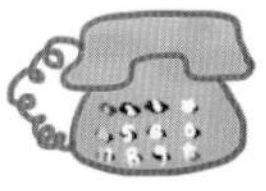	텔레비전 テレビ 테레비 

리모컨 **リモコン** 리모콩 	비디오 **ビデオ** 비데오 	냉장고 れいぞうこ **冷蔵庫** 레이조-코 
에어컨 **エアコン** 에아콘 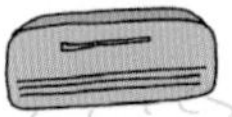	난방기 **ヒーター** 히-타- 	전등 でんき **電気** 뎅키 
침대 **ベッド** 벳토 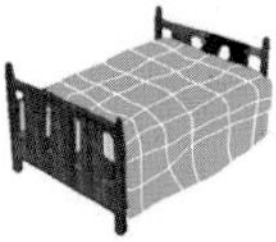	베개 **まくら** 마쿠라 	담요 もうふ **毛布** 모-후 
시트 **シーツ** 시-츠 	소파 **ソファー** 소화- 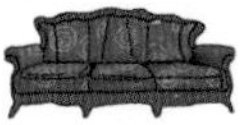	테이블 **テーブル** 테-부루 
커튼 **カーテン** 카-텐 	티슈 **ティッシュ** 팃슈 	헤어드라이기 **ドライヤー** 도라이야- 
환풍기 かんきせん **換気扇** 캉키셍 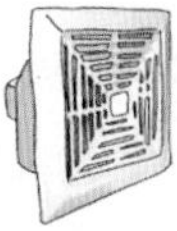	미니바 **ミニバー** 미니바- 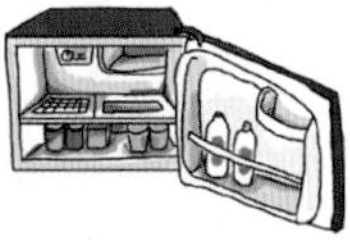	

욕실

변기 べんき **便器** 벤키 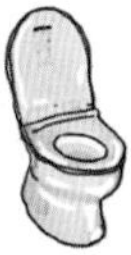	수도꼭지 じゃぐち **蛇口** 쟈구치 	창문 まど **窓** 마도 
샤워기 き **シャワー機** 샤와-키 	휴지 **トイレットペーパー** 토이렛토페-파- 	샴푸 **シャンプー** 샨푸 
비누 せっけん **石鹸** 셋켄 	샤워젤 **シャワージェル** 샤와-제루 	칫솔 は **歯ブラシ** 하부라시 
치약 は みが こ **歯磨き粉** 하미가키코 	욕조 よくそう **浴槽** 요쿠소- 	세면대 せんめんだい **洗面台** 센멘다이 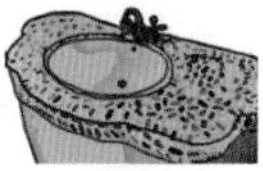
거울 かがみ **鏡** 카가미 	수건 **タオル** 타오루 	

핵심문장 익히기

- 문이 열리지 않아요.
  ひら わる
  ドアの開きが悪いです。
  도아노히라키가 와루이데스

- 열쇠를 잃어버렸어요.
  かぎ な
  鍵を失くしました。
  카기오 나쿠시마시타

• 열쇠를 방 안에 두고 왔어요.

かぎ へや お
鍵を部屋に置いてきました。

카기오 헤야니 오이테키마시타

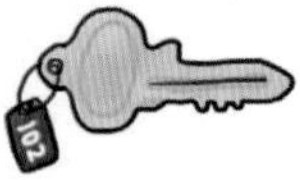

• 방 번호를 잊어버렸어요.

へや ばんごう わす
部屋の番号を忘れました。

헤야노 방고–오 와스레마시타

• 변기가 막혔어요.

べんき
便器がつまりました。

벵키가 쯔마리마시타

• 변기를 고쳐 주세요.

べんき しゅうり
便器を修理してください。

벵키오 슈–리시테 쿠다사이

• 더운 물이 안 나와요.

あたた みず で
温かい水が出ません。

아타타카이 미즈가 데마셍

• 세면대 물이 샙니다.

せんめんだい みず も
洗面台の水が漏れます。

셈멘다이노 미즈가 모레마스

• 욕실 청소를 다시 해 주세요.

よくしつそうじ ねが
浴室掃除をまたお願いいたします。

요쿠시쯔 소–지오 마타 오네가이이타시마스

- 전등이 나갔어요.

  ランプが壊(こわ)れました。

  랑프가 코와레마시타

- 방해하지 마세요.

  邪魔(じゃま)をしないでください。

  쟈마오 시나이데 쿠다사이

- 방을 청소해 주세요.

  部屋(へや)を掃除(そうじ)してください。

  헤야오 소-지시테 쿠다사이

- 주위가 시끄러워요.

  周囲(しゅうい)がうるさいです。

  슈-이가 우루사이데스

- 잠깐 와 주시겠어요?

  ちょっと来(き)ていただけますか?

  춋토 키테이타다케마스카

Unit 05. 부대시설

바꿔 말하기

헬스 클럽 이 어디에 있나요?

フィットネスクラブ はどこにありますか?
(힛토네스쿠라푸)와 도코니 아리마스카

비즈니스 센터 는 몇 시에 문을 여나요?

ビジネスセンター は何時(なんじ)からですか?
(비지네스센타-)와 낭지카라데스카

부대시설

헬스클럽 フィットネスクラブ 힛토네스쿠라푸	비즈니스 센터 ビジネスセンター 비지네스센타-
상점 店(みせ) 미세	사우나 サウナ 사우나
수영장 プール 프-루	식당 食堂(しょくどう) 쇼쿠도우

마사지샵 マッサージショップ 맛사–지숏푸	우체국 ゆうびんきょく 郵便局 유–빈쿄쿠
은행 ぎんこう 銀行 긴코우	커피숍 コーヒーショップ 코–히–숏푸

핵심문장 익히기

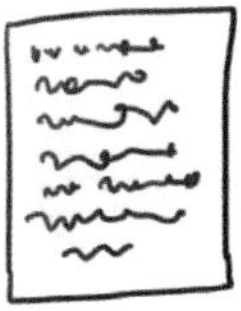

- 팩스 / 복사 / 인쇄 한 장에 얼마예요?

  いんさついちまい

  ファックス / コピー / 印刷一枚いくらですか?

  홧쿠스 / 코피– / 잉사쯔 이치마이 이쿠라데스카

- 머리를 짧게 잘라 주세요.

  かみ　みじか　き

  髪を短く切ってください。

  카미오 미지카쿠 킷테 쿠다사이

- 가볍게 파마해 주세요.

  ソフトパーマをかけてください。

  소후토 파–마오 카케테 쿠다사이

- 전신 마사지를 해 주세요.

  ぜんしん

  全身マッサージをしてください。

  젠신 맛사–지오 시테 쿠다사이

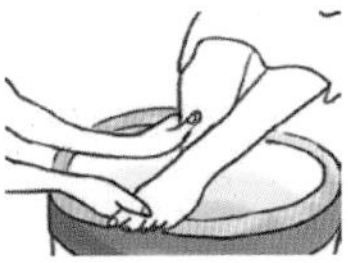

- 발 마사지를 해 주세요.

  あし

  足マッサージをしてください。

  아시 맛사지오 시테 쿠다사이

Unit 06. 체크아웃

바꿔말하기

이 추가요금 은 무엇인가요?

ついかりょうきん　なん
この 追加料金 は何ですか?
코노 (쯔이카료–킹)와 낭데스카

추가요금 ついかりょうきん 追加料金 쯔이카료–킹	요금 りょうきん 料金 료–킹

핵심문장 익히기

- 체크아웃은 몇 시인가요?

  なんじ
  チェックアウトは何時ですか?
  첵쿠아우토와 낭지데스카

- 하룻밤 더 묵고 싶어요.

  ひとばん と
  もう一晩泊まりたいです。
  모우 히토방토마리타이데스

- 하루 일찍 나가고 싶습니다.

  いちにちはや で い
  一日早く出て行きたいです。
  이치니치 하야쿠 데테 이키타이데스

- 체크아웃 해 주세요.

  チェックアウトしてください。
  첵쿠아우토시테 쿠다사이

• 이것은 보증금 영수증입니다.

これは保証金の領収証です。

코레와 호쇼–킹노 료–슈–쇼–데스

• 맡겨 놓은 귀중품을 주세요.

預けた貴重品をください。

아즈케타 키쵸–힝오 쿠다사이

• 짐을 잠시 맡아 주세요.

荷物をしばらく預かってください。

니모쯔오 시바라쿠아주캇테쿠다사이

• 방에 물건을 두고 나왔어요.

部屋の中に忘れ物をしてしまいました。

헤아노 나카니 와스레모노오 시테시마이마시타

• 보증금을 돌려주세요.

保証金を返してください。

호쇼–킹오 카에시테 쿠다사이

• 계산이 잘못된 것 같아요.

計算が間違っているようです。

케이상가 마치갓테이루요–데스

• 얼마예요?

いくらですか?

이쿠라데스카

- 택시를 불러 주세요.

  タクシーを呼(よ)んでいただけますか。

  타쿠시–오 옹데이타다케마스카

- 영수증을 주세요.

  領収書(りょうしゅうしょ)をください。

  료–슈–쇼–오 쿠다사이

Chapter 07 통신, 은행

Unit 01. 우체국에서

바꿔 말하기

국내우편 봉투 주세요.

こくないゆうびん　ふうとう
国内郵便の封筒ください。

(코쿠나이유–빙)노 후–토– 쿠다사이

등기우편 으로 부쳐주세요.

かきとめゆうびん　おく
書留郵便で送ってください。

(카키토메유–빙)데 오쿳테 쿠다사이

우편종류

국내우편 こくないゆうびん **国内郵便** 고쿠나이유–빙	국제우편 こくさいゆうびん **国際郵便** 코쿠사이유–빙
그림엽서 え は がき **絵葉書** 에하가키	등기우편 かきとめゆうびん **書留郵便** 카키토메유–빙
편지 て がみ **手紙** 테가미	소포 こづつみ **小包** 코즈쯔미

▶ 편지 부치기

A: 이 편지를 등기로 보내고 싶습니다.

この手紙(てがみ)を書留(かきとめ)で送(おく)りたいです。
코노 테가미오 카키토메데오쿠리타이데스

(국내우편) 봉투 주세요.

(国内郵便(こくないゆうびん))の袋(ふくろ)をください。
(고쿠나이유–빙)노 후쿠로오 쿠다사이

B: 어떻게 보내실 건가요?

どうやって送(おく)りたいですか?
도우얏테 오쿠리타이데스카

A: 가장 빨리 도착하는 것으로 보내주세요.

いちばん早(はや)く到着(とうちゃく)するもので送(おく)ってください。
이치방 하야쿠 도–챠쿠스루모노데 오쿳테 쿠다사이

핵심문장 익히기

- 기념우표 주세요.
  記念切手(きねんきって)ください。
  키넹킷테 쿠다사이

- 풀은 어디 있어요?
  糊(のり)はどこにありますか?
  노리와 도코니 아리마스카

- 우체통은 어디에 있나요?
  ポストはどこにありますか?
  포스토와 도코니 아리마스카

- 우체국은 몇 시에 문을 닫나요?
郵便局(ゆうびんきょく)は何時(なんじ)に閉(し)まりますか?
유-빙쿄쿠와 낭지니 시마리마스카

▶ 소포 부치기

A: 이 소포를 한국의 서울로 보내주세요.
この小包(こづつみ)を韓国(かんこく)のソウルに送(おく)ってください。
코노 코즈쯔미오 캉코쿠노 소우루니 오쿳테 쿠다사이

B: 내용물은 무엇입니까?
中身(なかみ)は何(なん)ですか?
나카미와 낭데스카

A: 유리 종류라서 조심히 다뤄야 해요.
ガラス類(るい)なので、取(と)り扱(あつか)いに注意(ちゅうい)しなければならないです。
가라스 루이나노데, 토리아쯔카이니 츄-이시나케레바나라나이데스

B: 포장을 안 했네요. 상자를 드릴까요?
包装(ほうそう)がまだですね。箱(はこ)を差(さ)し上(あ)げましょうか?
호-소-가 마다데스네, 하코오사시아게마쇼-카

A: 네, 상자를 주세요.
はい、箱(はこ)をください。
하이, 하코오 쿠다사이

B: 어떻게 보내드릴까요?
どうやって送(おく)りましょうか?
도우얏테 오쿠리마쇼-카

A: EMS로 보내주세요.

EMSで送(おく)ってください。

이엠에스데 오쿳테 쿠다사이

요금이 얼마예요?

料金(りょうきん)はいくらですか?

료-킹와 이쿠라데스카

시간이 얼마나 걸리나요?

どのくらい時間(じかん)がかかりますか?

도노쿠라이 지캉가 카카리마스카

영수증을 주세요.

領収書(りょうしゅうしょ)をください。

료-슈-쇼오 쿠다사이

핵심 단어

수신인 受取人(うけとりにん) 우케토리닝	발신인 差出人(さしだしにん) 사시다시닝	주소 住所(じゅうしょ) 쥬-쇼
연락처 連絡先(れんらくさき) 렝라쿠사키	우편번호 郵便番号(ゆうびんばんごう) 유-빙방코-	착불 代金引換(だいきんひきかえ) 다이킹히키카에
수신인 불명 宛先不明(あてさきふめい) 아테사키후메이		

Unit 02. 은행에서

▶ 계좌 개설

A: 계좌를 개설해주세요.

こうざ　つく
口座を作ってください。

코–자오 쯔쿳테쿠다사이

외화 입출금이 가능한 계좌로 해주세요.

がいかだ　い　かのう　こうざ
外貨出し入れが可能な口座にして ください。

가이카다시이레가 카노우나 코–자니시테 쿠다사이

B: 신청서를 먼저 작성해 주세요.

もうしこみしょ　きにゅう
申込書にまず記入してください。

모우시코미쇼니 마즈 키뉴–시테 쿠다사이

비밀번호를 입력하세요.

あんしょうばんごう　にゅうりょく
暗証番号を入力してください。

앙쇼–방코–오 뉴–료쿠시테 쿠다사이

다시 한번 입력해 주세요.

いちど　にゅうりょく
もう一度 入力してください。

모우 이치도 뉴–료쿠시테 쿠다사이

A: 현금카드도 만들어 주세요.

つく
キャッシュカードも作ってください。

캿쇼카–도모 쯔쿳테 쿠다사이

Unit 03. PC방에서

바꿔 말하기

컴퓨터 사용법 을 알려 주세요.

つか　かた　おし

パソコンの使い方 を教えてください。

(파소콩노 쯔카이 카타)오 오시에테 쿠다사이

이메일 확인방법 かくにんほうほう イーメール確認方法 이–메–루카쿠닝호–호–	컴퓨터 사용법 つか　かた パソコンの使い方 파소콩노 쯔카이카타

▶ PC방 이용하기

A: 한 시간에 얼마예요?

いち じ かん

一時間いくらですか?

이치지캉 이쿠라데스카

B: 회원인가요?

かいいん

会員ですか?

카이잉데스카

A: 회원이 아닌데요.

かいいん

会員ではないです。

카이잉데와 나이데스

B: 비회원은 200엔입니다.

かいいん　ば あい　に ひゃくえん

会員ではない場合は二百円です。

카이잉데와나이 바아이와 니햐쿠엥데스

Chapter 08 질병, 사고

Unit 01. 질병

바꿔 말하기

눈 이 아파요!

目(め) が痛(いた)いです!

(메)가 이타이데스

코 를 다쳤어요.

鼻(はな) を怪我(けが)しました。

(하나)오 케가시마시타

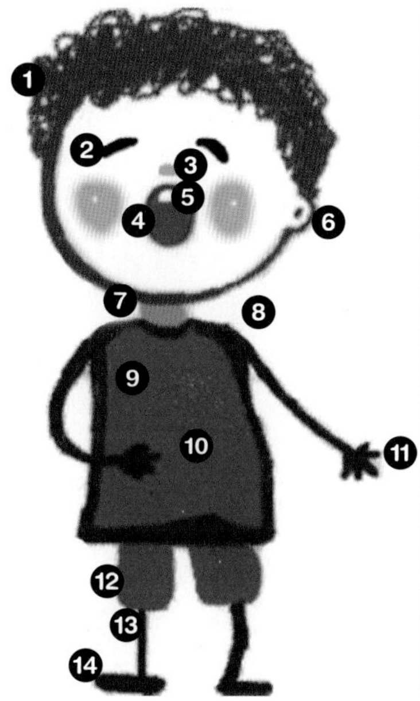

① 머리 頭(あたま) 아타마	② 눈 目(め) 메	③ 코 鼻(はな) 하나
④ 입 口(くち) 쿠치	⑤ 이 歯(は) 하	⑥ 귀 耳(みみ) 미미
⑦ 목 首(くび) 쿠비	⑧ 어깨 肩(かた) 카타	⑨ 가슴 胸(むね) 무네
⑩ 배 腹(はら) 하라	⑪ 손 手(て) 테	⑫ 다리 脚(あし) 아시
⑬ 무릎 膝(ひざ) 히자	⑭ 발 足(あし) 아시	

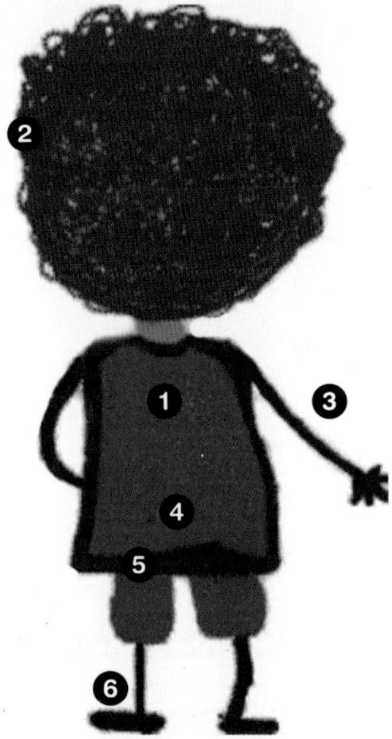

① 등 背中（せなか） 세나카	② 머리카락 髪の毛（かみのけ） 카미노케
③ 팔 腕（うで） 우데	④ 허리 腰（こし） 코시
⑤ 엉덩이 お尻（しり） 시리	⑥ 발목 足首（あしくび） 아시쿠비

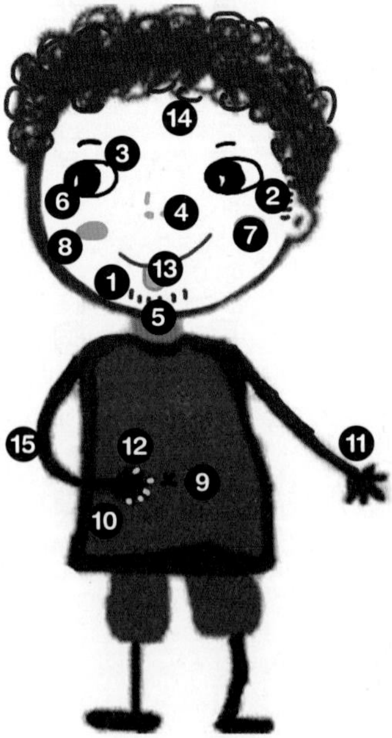

① 턱수염 顎鬚（あごひげ） 아고히게	② 구레나룻 頬鬚（ほおひげ） 호오히게	③ 눈꺼풀 目蓋（まぶた） 마부타
④ 콧구멍 鼻の穴（はなのあな） 하나노아나	⑤ 턱 顎（あご） 아고	⑥ 눈동자 瞳（ひとみ） 히토미
⑦ 목구멍 喉（のど） 노도	⑧ 볼 / 뺨 頬（ほお） 호오	⑨ 배꼽 臍（へそ） 헤소

⑩ 손톱 つめ 爪 츠메	⑪ 손목 てくび 手首 데쿠비	⑫ 손바닥 て 手のひら 테노히라
⑬ 혀 した 舌 시타	⑭ 피부 はだ 肌 하다	⑮ 팔꿈치 ひじ 肘 히지

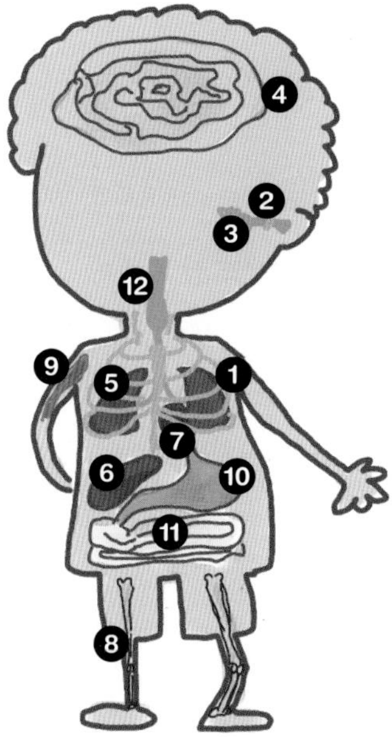

① 갈비뼈 ろっこつ 肋骨 록코츠	② 고막 こまく 鼓膜 코마쿠	③ 달팽이관 かぎゅうかん 蝸牛管 카큐–캉
④ 뇌 のう 脳 노우	⑤ 폐 はい 肺 하이	⑥ 간 かんぞう 肝臓 칸조–
⑦ 심장 しんぞう 心臓 신조우	⑧ 다리뼈 だいたいこつ 大腿骨 다이타이코츠	⑨ 근육 きんにく 筋肉 킨니쿠
⑩ 위 い 胃 이	⑪ 대장 だいちょう 大腸 다이쵸우	⑫ 식도 しょくどう 食道 쇼쿠도우

▶ 도움을 요청할 때

A: 좀 도와주세요!

ちょっと助(たす)けてください!

촛토 타스케테 쿠다사이

B: 어디 불편하세요?

どう なさいましたか?

도-나사이마시타카

무엇을 도와드릴까요?

何か お困りですか?

나니카 오코마리데스카

A: (코)를 다쳤어요.

鼻を怪我しました。

(하나)오 케가시마시타

병원에 데려다주실 수 있나요?

わたしを病院に連れて行っていただけませんか?

와타시오 뵤-잉니 쯔레테 잇테이타다케마셍카

구급차를 불러주실 수 있나요?

救急車をすぐに呼んでいただけませんか?

큐-큐샤오 즈쿠니 용데이타다케마셍카

약을 사주시겠어요?

薬を買っていただけませんか?

쿠스리오 캇테이타다케마셍카

부축해 주세요.

介添え お願いします。

카이조에 오네가이시마스

병원 / 약국을 찾고 있어요.

病院 / 薬局を探しています。

뵤-잉 / 얏쿄쿠오 사가시테이마스

B: 아픈 지는 얼마나 됐나요?

いつから痛みはじめましたか?

이쯔카라 이타미 하지메마시타카

A: 1시간 전부터요.
一時間前くらいです。
이치지칸마에쿠라이데스

핵심문장 익히기

- 눈에 뭐가 들어갔어요.
目に 何か 入りました。
메니 난카 하이리마시타

- 콧물이 흘러요.
鼻水が出ます。
하나미즈가 데마스

- 다리가 골절됐어요.
足が骨折しました。
아시가 콧세쯔시마시타

- 손을 데였어요.
手をやけどしました。
테오 야케도시마시타

- 어지러워요.
目まいがします。
메마이가시마스

- 차멀미가 나요.

くるま よ
車酔いします。
쿠루마요이시마스

- 답답해요.

いきぐる
息苦しいです。
이키구루시-데스

- 설사해요.

げ り
下痢をします。
게리오 시마스

- 열이 나요.

ねつ で
熱が出ます。
레쯔가 데마스

- 기침해요.

せき で
咳が出ます。
세키가 데마스

- 구토해요.

おう と
嘔吐します。
오우토시마스

- 찔렸어요.

さ
刺さりました。
사사리마시타

- 화상을 입었어요.

  やけど　お
  火傷を負いました。
  야케도오 오이마시타

- 식욕이 없어요.

  しょくよく
  食欲がないです。
  쇼쿠요쿠가 나이데스

- 쥐가 나요.

  つります。
  쯔리마스

- 식은땀이 나요.

  ひ　あせ　で
  冷や汗が出ます。
  히야아세가 데마스

- 빈혈이에요.

  ひんけつ
  貧血です。
  힝케쯔데스

- 벌레에 물렸어요.

  むし　さ
  虫に刺されました。
  무시니 사사레마시타

- 곪았어요.

  かのう
  化膿しました。
  카노–시마시타

• 염증이 생겼어요.

えんしょう　お
炎症が起きました。
엥쇼–가 오키마시타

• 감염됐어요.

かんせん
感染しました。
캉셍시마시타

병명		
천식 ぜんそく 喘息 젠소쿠 	고혈압 こうけつあつ 高血圧 고–케츠아츠 	소화불량 しょうか ふりょう 消化不良 쇼–카후료– 
생리통 せいりつう 生理痛 세이리츠– 	당뇨병 とうにょうびょう 糖尿病 도–뇨–뵤– 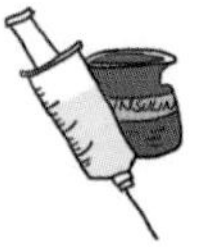	알레르기 アレルギー 아레루기– 
심장병 しんぞうびょう 心臓病 신조–뵤– 	맹장염 もうちょうえん 盲腸炎 모–쵸–엔 	위염 いえん 胃炎 이엔 
감기 かぜ 風邪 카제 	배탈 ふくつう 腹痛 후쿠쯔– 	설사병 げり 下痢 게리 
장티푸스 ちょう 腸チフス 쵸–치후스 	결핵 けっかく 結核 켁카쿠 	고산병 こうざんびょう 高山病 코–잔뵤– 
광견병 きょうけんびょう 狂犬病 쿄–켄뵤– 	뎅기열 ねつ デング熱 덴구네츠 	저체온증 ていたいおんしょう 低体温症 테이타이온쇼– 

폐렴 はいえん **肺炎** 하이엔 	식중독 しょくちゅうどく **食中毒** 쇼쿠쥬-도우 	기관지염 きかんしえん **気管支炎** 키칸시엔 
열사병 ねっしゃびょう **熱射病** 렛샤뵤- 	치통 はいた **歯痛** 하이타 	간염 かんえん **肝炎** 칸엔 

약명

아스피린 **アスピリン** 아스피린 	소화제 しょうかざい **消化剤** 쇼-카자이 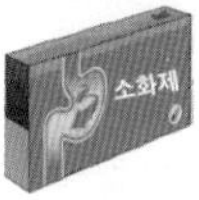	위장약 いちょうやく **胃腸薬** 이쵸-야쿠 
반창고 ばんそうこう **絆創膏** 반소-코- 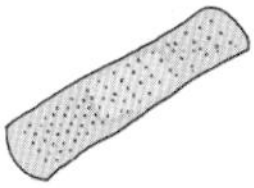	수면제 すいみんやく **睡眠薬** 스이밍야쿠 	진통제 ちんつうざい **鎮痛剤** 친츠-자이 
해열제 げねつざい **解熱剤** 게네츠자이 	멀미약 よ ど **酔い止め** 요이도메 	기침약 せき ど **咳止め** 세키도메 
지혈제 しけつざい **止血剤** 시케츠사이 	탈수방지약 だっすいぼうしやく **脱水防止薬** 닷스이보-시야쿠 	소염제 しょうえんざい **消炎剤** 쇼-엔자이 
소독약 しょうどくやく **消毒薬** 쇼-도쿠야쿠 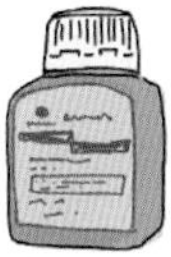	변비약 べんぴやく **便秘薬** 벤피야쿠 	안약 めぐすり **目薬** 메구스리 
붕대 ほうたい **包帯** 호-타이 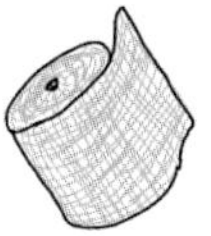	설사약 げりど **下痢止め** 게리도메 	감기약 かぜぐすり **風邪薬** 카제구스리 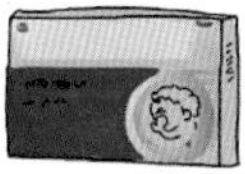

Unit 02. 사고(분실, 도난, 교통사고)

바꿔 말하기

지갑 을 잃어버렸어요.

さいふ　　　な
財布 を無くしました。
(사이후)오 나쿠시마시타

소지품

지갑 さいふ 財布 사이후 	여권 パスポート 파스포-토 	신용카드 クレジットカード 쿠레짓토카-도 
가방 かばん 카방 	돈 かね 金 가네 	보석 ほうせき 宝石 호-세키 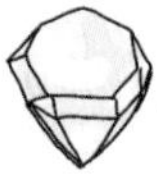
수표 こぎって 小切手 코깃테 	신분증 みぶんしょう 身分証 미분쇼- 	귀중품 きちょうひん 貴重品 키쵸-힝 

핵심문장 익히기

도움 요청

- 도와주세요!

  たす
  助けてください!
  타스케테 쿠다사이

- 경찰을 불러주세요.

  けいさつ　よ
  警察を呼んでください。
  케이사쯔오 용데 쿠다사이

• 경찰에 신고해 주세요.
警察(けいさつ)に届(とど)けてください。
케이사쯔니 토도케테 쿠다사이

• 전화해 주세요.
電話(でんわ)してください。
뎅와시테 쿠다사이

• 핸드폰을 빌려 주세요.
携帯電話(けいたいでんわ)を貸(か)してください。
케이타이 뎅와오 카시테 쿠다사이

• 한국어 하는 분 있나요?
韓国語(かんこくご)できる方(かた)いますか?
캉코쿠고데 데키루카타이마스카

도난

• 도둑이야! / 소매치기야! 잡아라!
泥棒(どろぼう)だ! / すりだ! 捕(つか)まえて!
도루호–다 / 스리다 쯔카마에테

• 제 물건을 찾아 주세요.
わたしの物(もの)を探(さが)してください。
와타시노 모노오 사가시테 쿠다사이

교통사고

• 교통사고를 당했어요.
交通事故(こうつうじこ)に遭(あ)いました。
코–쯔–지코니 아이마시타

- 사고가 났어요.
  事故が起きました。
  지코가 오키마시타

- 뺑소니예요!
  ひき逃げです!
  히키니게데스

- 구급차를 불러주세요.
  救急車を呼んでください。
  큐–큐–샤오 용데 쿠다사이

폭행 / 강도 / 사기

- 살려주세요!
  助けてください!
  타스케테 쿠다사이

- 가진 돈을 다 드릴게요, 목숨만 살려주세요.
  持っている金を全部あげるので、命だけは助けてください。
  못테이루카네오 젱부아게루노데, 이노치다케와 타스케테 쿠다사이

- 사기를 당했어요.
  詐欺に 遭いました。
  사기니 아이마시타

- 폭행을 당했어요.
  暴行されました。
  보–코–사레마시타

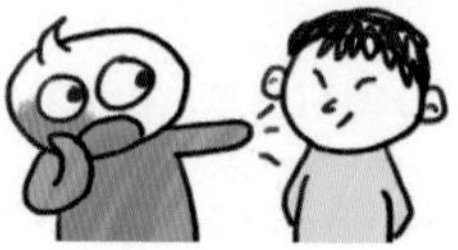